Julius von Wickede

Eine deutsche Bürgerfamilie nach e. Familienchronik

Julius von Wickede

Eine deutsche Bürgerfamilie nach e. Familienchronik

ISBN/EAN: 9783743481350

Hergestellt in Europa, USA, Kanada, Australien, Japan

Cover: Foto ©ninafisch / pixelio.de

Julius von Wickede

Eine deutsche Bürgerfamilie nach e. Familienchronik

Eine

Deutsche Bürgerfamilie.

Nach einer Familienchronik

bearbeitet

von

Julius von Wickede.

Zweiter Band.

———⊷⊷———

Jena,

Hermann Costenoble.

1867.

Inhaltsverzeichniß.

Sechstes Kapitel.

1.

Friedrich der Große an der Leiche des Feldmarschalls Grafen Schwerin auf dem Schlachtfelde von Prag. Unerwartetes Zusammentreffen mit meinem Bruder Friedrich Wilhelm. Meine Reise nach Pommern. Besuch bei meiner Mutter in Colberg. Tod meiner Braut in Halle. Anstellung als Secretarius bei der Verpflegungscommission der Ritterschaft in Pommern. Unausgesetzte Drangsale des Krieges und standhaftes patriotisches Benehmen aller Stände ohne Ausnahme in Pommern. Die pommerschen adeligen Rittergutsbesitzer. Die schwedischen Truppen an der Ostseeküste, und die Ursachen ihrer so geringen Erfolge. Die Generäle des schwedischen Heeres.

In den ersten Stunden nach dem Tode des Feldmarschalls Grafen Schwerin war ich noch so erschrocken, daß ich kaum wußte, was ich thun sollte. Dazu war der Eindruck, den mir die blutige Schlacht mit all' dem furchtbaren Kanonendonner und dem sonstigen Gelärme, und die vielen Verwundeten und Todten, die überall am Wege

lagen, gemacht hatte, ein so erschütternber, baß
ich mich stark zusammennehmen mußte, um nicht
in Ohnmacht zu fallen. Ich hatte zwar früher
oft die Beschreibungen von Schlachten gelesen,
ober auch von alten Solbaten erzählen hören,
baß es aber so grausam und wild babei zugehen
könne, hatte ich boch niemals geglaubt. Jetzt erst
sah ich so recht ein, welch ein wilbes, rohes, bas
Gemüth verhärtenbes und die Sitten verschlech=
ternbes Geschäft der Solbatenstand ist, unb ich
hätte mich niemals ihm wibmen mögen, unb
wenn ich auch die Aussicht gehabt, balb zu bem
Posten eines Generals zu gelangen.

Es sammelten sich nun eine Menge von hohen
Officieren aller Grabe um die Leiche des Felb=
marschalls Grafen Schwerin, unb man konnte es
ben meisten ansehen, wie traurig sie über bessen
Verlust waren. Besonders ein großer, sehr statt=
licher Officier in ber Uniform des Obersten
eines Infanterie=Regiments weinte förmlich, unb
schien sich auch seiner Thränen gar nicht zu schä=
men, was mich sehr wunberte, ba ich bisher ge=
glaubt hatte, baß ein Officier es unter allen Um=
stänben verbergen müsse, wenn er wirklich jemals
weinen sollte. Dabei sprach bieser Oberst: „Daß
wir biese Bataille wieder glorios gewonnen ha=

ben, ist eine Gewißheit, welche uns selbst die al=
ten Perrücken in Dresden und beim Reichshof=
rath in Regensburg nicht abstreiten sollen, aber
Schockschwerenoth! ich wollte lieber, wir hätten
sie verloren und müßten morgen von Neuem
wieder anfangen, wenn nur unser Schwerin am
Leben geblieben! Solch einen Feldmarschall be=
kommt die preußische Armee nicht wieder."

Und wie die Officiere nun noch so herum=
standen und sich über die gewonnene Schlacht
und die großen dabei erlittenen Verluste unter=
hielten, da hieß es plötzlich: „Seine Majestät
der König kommt!" und wie unwillkürlich rich=
teten sich Alle gerader auf und stellten sich in
Ordnung hin. In langsamem Schritt kam der
König nun angeritten, und neben ihm ritt der
Prinz Moritz von Dessau, ein sehr muthiger
junger General, während Abjutanten und andere
Officiere folgten und ungefähr fünfzig Reiter
vom Regiment der Garde du Corps die Bedeckung
bildeten.

Man hatte inzwischen die Leiche des Feld=
marschalls von dem Blute, mit dem sie anfäng=
lich stark übergossen gewesen sein soll, gereinigt
und auf eine Tragbahre, die ganz mit grünen
Zweigen bedeckt war, gelegt. Sein langer grauer

Mantel war über den von den Kugeln zerrissenen
Theil seines Körpers gebreitet, und so lag er,
mit einem ruhigen, friedlichen Ausdruck in seinem
Gesicht, nicht wie ein Todter, sondern wie ein
so recht fest Schlafender da. An dem Baume,
unter dem die Tragbahre stand, lehnte die von
zwei Kugeln etwas zerrissene, am unteren Ende
mit seinem Blute geröthete Fahne seines Regi=
ments, die er hoch in der Rechten gehalten, als
die tödtlichen Kugeln seine Brust durchbohrten.
Ein Adjutant, der dem Könige vorausgeritten
zu sein schien, kam jetzt angaloppirt und meldete,
daß hier die Leiche des Feldmarschalls Schwerin
liege. Der König, der, wie ich jetzt erst sehen
konnte, über und über mit Staub bedeckt war,
stieg bei dieser Meldung schnell von dem großen
langen Schimmel=Engländer, den er ritt, ab und
ging, die Officiere, die inzwischen ein Spalier
gebildet hatten, mit einem „Bon soir, Messieurs!"
und einem leichten Hutabnehmen grüßend, ganz
dicht an die Leiche heran. Längere Zeit blieb er
hier schweigend stehen, dann sprach er so laut,
daß auch ich es vernehmen konnte: „Der hier
liegt, war ein Officier von den größten Meriten,
und wohl werth, daß wir Alle seinen Tod auf=
richtig betrauern, denn meine Armee besaß keinen

besseren General. Doch mein alter Schwerin hat
auch einen Tod gefunden, wie ihn kein preußi=
scher General ruhmvoller und schöner finden kann,
und wie sein Leben Allen zum Beispiel dienen
konnte, so jetzt auch sein Tod."

In dem Augenblick, als der König so sprach,
kam ein Adjutant des Generals von Ziethen auf
schäumendem Pferd herangesprengt und meldete,
daß die Husaren die in größter Eile fliehenden
Oesterreicher noch weit verfolgt und eine be=
trächtliche Menge von feindlichen Geschützen,
Wagen und Gefangenen erbeutet hätten, und von
Seiten der Feinde nirgends mehr Widerstand zu
leisten versucht würde.

Wie der König diese Nachricht hörte, da konnte
ich ganz gut erkennen, wie sein Auge blitzender,
und seine, gewöhnlich etwas vorgebeugte Hal=
tung aufrechter wurde. Mit lauter Stimme
sprach er zu den Officieren: „Die Bataille ist
glorieux geworden, Messieurs, und wird der
preußischen Armee für alle Zeiten zum großen
Ruhme gereichen. Ich danke Ihnen Allen für
Ihre Hülfe und Thätigkeit dabei. Wir haben
wenigstens jetzt dem erschossenen Feldmarschall
Schwerin eine würdige Leichenfeier bereitet."

In dem Augenblicke brachen alle Officiere

in ein lautes dreimaliges „Es lebe Se. Majestät unser König Friedrich von Preußen, der Sieger der Prager Schlacht!" aus und dieser Ruf verbreitete sich von den Officieren auch zu den in der Nähe aufmarschirt stehenden oder lagernden Soldaten und pflanzte sich so immer weiter und weiter fort. Daß auch ich dabei mitschrie, so laut es meine Kehle nur erlaubte, versteht sich von selbst.

Jetzt fiel plötzlich des Königs großes Auge auf mich, und mein Anzug als Civilist mitten unter all' den vielen Officieren und Soldaten mochte ihm auffallend erscheinen, denn er frug den ersten Adjutanten des erschossenen Feldmarschalls, dem er gerade einige Befehle über den Transport der Leiche ertheilt hatte: „Wer ist der Mann dort in dem langen blauen Roquelaure?"

„Der Privatsecretär des Feldmarschalls Grafen Schwerin, ein geborener Pommer, der, von dem Herrn Baron von Bielfeld warm empfohlen, seit einigen Monaten in des Feldmarschalls Dienst stand und sich bereits dessen ganzes Vertrauen erworben hatte."

Der König winkte mich jetzt näher heran, und mich mit seinen großen blauen Augen fixirend, als wolle er mich durchbohren, sprach er: „Ich

höre Gutes von Ihm. Wie heißt Er. Ich
muß Ihn schon früher einmal gesehen haben?"

Ich ward jetzt, wie ich selbst fühlte, ganz
roth vor Freude und Verlegenheit, daß ich auf
solche Weise hier von meinem großen König an=
geredet wurde, und sagte, daß Se. Majestät be=
reits einmal mit mir in dem Garten von Sans=
souci vor mehreren Jahren zu sprechen die Gnade
gehabt habe, als ich nach der Universität Halle
gegangen, um dort Theologie zu studiren."

„Ja — jetzt erinnere ich mich Seiner. Aber
aus dem Studium der Theologie scheint nicht
viel bei Ihm geworden zu sein. Und eine Narbe
hat Er da im Gesicht, die besser für einen Hu=
sarenwachtmeister, als für einen Pastor auf
der Kanzel paßt. Damit stellt Ihn kein Con=
sistorium an. Erzähle Er mir, was Er seitdem
getrieben hat, aber recht kurz, mit wenigen Wor=
ten, denn lange Zeit, um Ihn anzuhören, habe
ich jetzt nicht."

So kurz als möglich erzählte ich nunmehr
dem Könige mein letztes curriculum vitae. Als
ich sagte, daß ich, von dem Professor Gellert in
Leipzig an den Herrn Baron von Bielfeld em=
pfohlen, fast zwei Jahre dessen Privatsecretär ge=
wesen sei, lächelte er sehr freundlich und meinte:

„Da ist Er in einem guten Hause gewesen, wo Er schon viel lernen konnte. — Nun höre Er, es wird sich wohl jetzt im Kriege und später auch im Frieden eine für Ihn recht passende Stelle finden. Vorläufig soll ein Officier von meiner Abjutantur die hinterlassenen Papiere des Feldmarschalls mit Ihm durchsehen, um abzusondern, was für mich und was nur für dessen Familie von Wichtigkeit ist. — Bon soir, Messieurs! Wir können Alle am heutigen Tage schon mit uns zufrieden sein und haben unsere Ruhe wohl verdient." Mit diesen gnädigen Worten lüftete der König zum Abschied wohlwollend grüßend den Hut und bestieg dann sein Roß, um ziemlich schnell fortzugaloppiren.

Seit jener Zeit ist mir niemals wieder das Glück zu Theil geworden, meinen König und Herrn, Friedrich den Großen, in der Nähe sehen zu dürfen. Nur in späteren Jahren ist er einmal in Pommern schnell an mir vorübergefahren. Es sollte mir an diesem Tage aber noch eine gar absonderliche Ueberraschung zu Theil werden. Ich war jetzt mit einem Officier voraufgegangen, um mich nach dem früheren Quartier des Feldmarschalls zu begeben und dort vorläufig seine hinterlassenen Sachen zu ordnen und zu versiegeln,

als uns ein Bataillon des königlichen Garde=
Regiments, welches soeben aus der Schlachtreihe
zurückkam, begegnete. Dasselbe mußte stark im
Feuer gewesen sein und sah sehr hart mitge=
nommen aus. Viele Soldaten bluteten aus mehr
oder minder bedeutenden Wunden, die sie sich
in der Eile mit Nothverbänden hatten verbinden
lassen, um während der Schlacht in Reih' und
Glied bleiben zu können; Anderen hingen die
losgegangenen Zöpfe unordentlich im Nacken
umher, während die Gesichter von dem Pulver=
dampf und dem vielen Patronenabbeißen ganz
schwarz wie die Teufel aussahen. Das Bataillon
mußte gerade an einem Wege, den wir passirten,
Halt machen, als ich bemerkte, daß ein baum=
langer Grenadier, ein richtiger Schlagetodt von
Kerl, der sehr wild und verwogen aussah und
dem ein langer Fuchsschnauzbart weit über den
Mund herunterhing, mich plötzlich scharf anschaute.
Ich sah ihn jetzt nun ebenfalls wieder besonders
aufmerksam an, und es konnte kaum ein Zweifel
sein, daß dieser lange Grenadier mein ältester
Bruder Friedrich Wilhelm sein müsse. Aber wie
konnte der, von dem ich wußte, daß er verhei=
rathet und als Unterförster in Ostpreußen an=
gestellt sei, jetzt plötzlich als gemeiner Soldat im

erſten Bataillon des königlichen Garderegiments
hieher auf das Schlachtfeld von Prag kommen?
Um meiner Sache aber gewiß zu ſein, rief ich
ſeinen Namen, und ſiehe da, es war in der That
mein älteſter Bruder Friedrich Wilhelm, der
mir jetzt freudig in die Arme ſtürzte. Der Haupt=
mann der Compagnie, der ein ſehr wohlwol=
lender Mann zu ſein ſchien, erlaubte meinem
Bruder, mich am Abend noch einige Stunden
im meinem Quartiere zu beſuchen. Dort erzählte
er mir nun in aller Kürze, daß er Wittwer ge=
worden ſei und es bei der Nachricht, daß unſer
großer König von Preußen plötzlich von ſo vie=
len Seiten mit Krieg überzogen würde, nicht
mehr auf ſeiner Förſterſtelle hätte aushalten
können. So habe er ſich denn im vorigen Herbſte
freiwillig als gemeiner Soldat anwerben laſſen
und ſei wegen ſeiner beſondern Größe in das
Garderegiment aufgenommen worden. Mein
Bruder hatte dabei eine ſehr ſichere Zuverſicht
und einen frohen Muth, und meinte, als er nach
einigen Stunden, die uns Beiden im Erzählen
unſeres bisherigen Lebens nur zu raſch vergin=
gen, von mir Abſchied nahm, er hoffe feſt dar=
auf, es in dieſem Kriege durch ſein eignes Ver=

dienſt noch zum Officier zu bringen. In ſolchem löblichen Vorſatz konnte ich ihn nur beſtärken.

Leider ſollte ich meinen lieben Bruder, der nicht allein ein rieſig großer Mann und mu= thiger Soldat, ſondern, was in meinen Augen noch einen höheren Werth hatte, auch ein durch= aus braver und honnetter Menſch war, in die= ſer Welt nicht wiederſehen. Da ich aber nach vielen Jahren ganz unvermuthet ſein genaues Tagebuch über das wirklich ſehr intereſſante Leben, welches er geführt, in meine Hände be= kam, ſo wird er in unſerer Familienchronik eine wichtige Stelle einnehmen. Darf unſere ge= ſammte Familie doch mit vollem Rechte auf einen ſolchen Angehörigen ſtolz ſein.

Nach der Prager Schlacht hatte ich noch meh= rere Tage mit der Sichtung und Ordnung der hinterlaſſenen Papiere meines verſtorbenen Herrn, des Feldmarſchalls Grafen Schwerin, zu thun. Sämmtliche Papiere, welche den königlichen Dienſt betrafen, wurden ausgeſucht und von einem Ad= jutanten des Königs in Verwahrſam genommen; diejenigen aber, welche auf Familienangelegen= heiten Bezug hatten, wurden von mir in einige Kiſten gepackt und dann in meiner Begleitung mit ſicherm Transport nach Pommern, wo die

2*

sehr bedeutenden Familiengüter der gräflichen
Herrschaft lagen, gebracht. So verließ ich nach
kurzer Anwesenheit das Heer in Böhmen, wel=
ches unter König Friedrich's Befehl gegen die
Feinde kämpfte.

Auf den gräflich Schwerin'schen Gütern hatte
ich dann einige Wochen mit der Rechnungsable=
gung und sonstigen Privatgeschäften zu thun.
Als ich damit fertig war, empfing ich noch eine
sehr anständige Extrabelohnung für meine Dienste
und war dann mein eigener Herr.

Meine liebe alte Mutter, welche als Wittwe
in Colberg lebte, hatte ich schon seit mehreren
Jahren nicht gesehen, und da ich in ihrer Nähe
war, so benutzte ich die günstige Gelegenheit,
um ihr im Sommer 1757 einen mehrwöchent=
lichen Besuch abzustatten. Wie erfreut war ich,
die gute Mutter wieder einmal herzlich um=
armen zu können. Leider trafen mich während
meines Aufenthaltes in Colberg zwei sehr trau=
rige Nachrichten, von denen jede allein schon
hinreichend gewesen wäre, mir alle Freude in
tiefen Kummer zu verwandeln.

In einem schwarz gesiegelten Briefe erhielt
ich erstens die Trauerkunde von dem Ableben
meiner theuern Braut in Halle. Diese Bot=

schaft war ein harter Schlag für mich, der alle
meine langjährigen Hoffnungen plötzlich mit
einem Schlage vernichtete. Ich glaubte im An=
fang, ich müsse dem bittern Schmerze, welcher
mein Herz durchwühlte, erliegen, und es ver=
gingen mehrere Stunden, ehe ich mich ermannen
und wieder so weit fassen konnte, um in mei=
nem stillen Kämmerlein auf die Kniee zu sinken
und Gott in langem, inbrünstigem Gebet um
Linderung meiner Schmerzen, um Beruhigung
und Kraft zu bitten, mein schweres Leid in De=
muth, wie es einem wahren Christen geziemt,
tragen zu können. Und wie dies stets in schwe=
ren Stunden meines Lebens geschah, so gab mir
Gott auch durch das Gebet die Stärke wieder,
mich in Demuth seinen Fügungen, welche den
Menschen anscheinend oft zu hart treffen, aber
in seiner unerforschlichen Weisheit beruhen, zu
unterwerfen. Um meine durch den unerbittlichen
Tod geraubte Braut habe ich aber geraume Zeit
in tiefstem Schmerze getrauert, und es vergingen
mehrere Jahre, ehe ich die frühere Heiterkeit
vollständig wiedergewinnen konnte.

Die zweite Unglücksbotschaft war die Nach=
richt von der verlorenen Colliner Schlacht. So
war mein großer König denn auch geschlagen

und Preußens bisher fast unbesiegbar erschie=
nenes Heer den Feinden unterlegen. Und wie
mächtig drangen solche jetzt von allen Seiten
auf uns ein; der Unglückstag von Collin schien
das Signal für alle unsere Gegner zu sein, jetzt
durch vereinte Angriffe zu versuchen, ob sie den
Fridericus Rex Borussorum in einen ohnmäch=
tigen Marquis de Brandebourg verwandeln könn=
ten. Dank sei es Gottes Gnade und Barmher=
zigkeit, daß dies nicht gelang und unser Preu=
ßenland aus dem Siebenjährigen Kriege mächtiger
als je hervorging.

Im September des Jahres 1757 verließ ich
Colberg wieder und wandte mich nach Stettin,
um dort eine passende Anstellung zu suchen, in
welcher ich meinem Könige und Vaterlande in
dieser schweren Zeit nach besten Kräften würde
nützlich sein können. Ich hatte von einem Gra=
fen Schwerin entsprechende Empfehlungen an
den Herzog von Braunschweig=Bevern, der da=
mals Gouverneur von Stettin war, erhalten,
und so wurde es mir denn nicht schwer, einen
Platz zu bekommen, den ich ausfüllen konnte.
Ich wurde nämlich als Secretär bei der Pro=
viantcommission der Ritterschaft für das Herzog=
thum Pommern angestellt. Das war ein sehr

schwieriger und unangenehmer Posten, indem er
mir fast Tag und Nacht bei größter Thätigkeit
nur zu viele Verdrießlichkeiten und Scherereien
verursachte. Trotzdem aber hielt ich es jetzt für
eine heilige Ehrenpflicht jedes preußischen Pa=
trioten, die ihm obliegenden Pflichten mit Um=
sicht und Gewissenhaftigkeit und Hintansetzung
jeder andern Rücksicht streng zu erfüllen, um in
dieser schweren Zeit dem bedrängten Vaterlande
so nützlich als möglich sein zu können.

In dem mir anvertrauten Amte hatte ich be=
sonders die Verpflichtung, darauf zu sehen, daß
die ausgeschriebenen Contributionen von Lebens=
mitteln aller Art, Schlachtvieh, Pferden, Hafer
und Rauhfourage, so viel sich dies irgend thun
ließ, möglichst gleichmäßig auf die einzelnen
Rittergüter vertheilt wurden. Ferner mußte ich
bei der Anlegung von Magazinen thätig sein
und dafür Sorge tragen, daß sowohl auf dem
flachen Lande als in den Städten solche aller
Art angelegt wurden. Es war dies ein sehr
mühsames Geschäft, denn ich mußte zu diesem
Zwecke fast unaufhörlich im ganzen Herzogthume
Pommern umherreisen, um bald hier, bald dort
thätig zu sein. Daß aber solche Reisen, beson=
ders im Herbst und Winter, wenn die Wege so

grunblos waren, daß man kaum mit den Pfer=
den durchkommen konnte, alles Andere, nur kein
Vergnügen waren, ist leicht begreiflich. Ich er=
hielt zwei Reitklepper geliefert, und bekam einen
Soldaten von der pommerschen Miliz, einen
alten Arbeitsmann aus Colberg, der früher lange
Jahre bei den Dragonern gedient hatte, zur be=
ständigen Ordonnanz, und so ritten wir immer
die Kreuz und Quere im Lande umher. Mein
eigentlicher Chef war ein Landschaftsrath von
Puttkammer, ein sehr würdiger, braver Mann,
der aber schon etwas zu bejahrt war, um viel
außer dem Hause thun zu können. Die beiden
anderen Chefs, ein Herr von Stülpnagel und
von Arnim, zeigten sich stets als wahre Ehren=
männer, welche Kopf und Herz auf dem rechten
Fleck hatten, und unaufhörlich thätig waren, um
ihre sehr beschwerlichen Pflichten zu erfüllen.
Nur im Schreiben und Rechnen waren sie nicht
recht bewandert; ganz besonders schwer fiel es
Herrn von Arnim, einen Brief zu schreiben, so
daß er oft lieber zwei Meilen in Wind und
Wetter ritt, wenn er dadurch nur von jener
Obliegenheit befreit bleiben konnte. So kam
denn ein Theil der Schreiberei auf mich, der
eigentlich von diesen Herren hätte besorgt werden

follen; doch that ich dies gern, wenn ich ihnen dadurch eine Erleichterung gewähren konnte.

Zwei Collegen besorgten das Einkaufen der Lebensmittel, da ich nicht das Mindeste von dergleichen Sachen verstand. Einer von ihnen, Namens Braun, war ein früherer Oekonomie= inspector, der besonders die Annahme und die Wartung des Viehes controliren mußte. Er war furchtbar gröb und der Flasche mehr als recht ergeben, dabei so unwissend, daß er kaum seinen Namen, geschweige etwas Anderes schreiben konnte. Sonst war er ein sehr thätiger und rechtlicher Mann, der sich niemals bestechen ließ und nach bestem Gewissen handelte, wo es galt, das In= teresse des ihm anvertrauten Amtes wahrzuneh= men. Der andere, ein früherer Stettiner Kauf= mann, war ganz das Gegentheil von ihm. Er war im Schreiben wie auch in der Buchführung ungemein gewandt, und ein Mann, der, wie man zu sagen pflegte, hinter beiden Ohren doppelt gebrannt war. Dabei zeigte er sich aber leider als ein ausgefeimter Halunke, welcher zu be= trügen suchte, wo er nur konnte, sich überall be= stechen ließ und auch mich zu dergleichen Schur= kereien zu verleiten suchte, wobei ich ihn indeß anlaufen ließ. Er trieb sein Unwesen zuletzt so

arg, daß ich ihn nothgebrungen bem Herrn von
Arnim anzeigen mußte, und er bann natürlich
mit Schimpf und Schande fortgejagt wurde.
Später sank dieser Kaufmann, troß seiner Ta=
lente und Fähigkeiten, immer tiefer, er ließ sich
verleiten, Fälschungen zu machen, und kam in
Folge bessen als Kettensträfling in die Karre,
wo ich ihn' bann noch öfter gesehen habe. Er
gab somit ein recht deutliches Beispiel, daß alle
Kenntnisse einem Menschen boch nichts nützen,
wenn nicht Rechtschaffenheit und Charakterfestig=
keit bamit verbunden sind.

Welche Leistungen die Provinz Pommern
aber jeßt bringen mußte, und wie groß die La=
sten waren, welche alle Stände ohne Ausnahme
während der nun folgenden Kriegsjahre tragen
mußten, ist kaum zu glauben. Immer und im=
merfort wurden neue Lieferungen ausgeschrieben,
und der Kriegssteuern und Anforderungen aller
Art war gar kein Ende. Daß die Gutsbesitzer
und Bauern von den Erträgnissen ihrer Felder
etwas verkaufen konnten, gehörte zu den aller=
größten Seltenheiten, und die Mehrzahl mußte
froh sein, wenn sie nur so viel Lebensmittel
bauen konnten, als sie bei der größten Einschrän=
kung mit ihrem Haushalte und Gesinde selbst

gebrauchten. Habe ich doch Gutsbesitzer gekannt, die zwei bis drei schuldenfreie Rittergüter besa-ßen und nicht so viel baares Geld aufzubringen vermochten, um sich einen Winterrock oder ihrer Frau ein Kleid zu kaufen. Der Credit ruhte zuletzt fast gänzlich in Pommern, und wenn ein sicherer Mann, der großen und unverschuldeten Grundbesitz hatte, nur fünfhundert Thaler leihen wollte, so kostete es ihm Mühe, solche zu be-kommen, und er mußte sich an Juden und Wu-cherer wenden, um es endlich doch durch viele gute Worte und für sündhafte Zinsen zu er-reichen. Sind mir doch wiederholt Fälle be-kannt, daß ein Gutsbesitzer, um nur tausend Thaler auf sechs Monate geliehen zu erhalten, beinahe hundert Thaler Zinsen dafür bezahlen mußte.

Das waren freilich recht günstige Zeiten für Wucherer und Geldmäkler jüdischer und christli-cher Religion, die, ungerührt über das allgemeine Elend des Volkes, diese Gelegenheit so recht nach Herzenslust benutzten, um sich die Beutel mit ungerechtem Gute anzufüllen. Kerle, die vor dem Kriege noch mit einem Bündel auf dem Rücken hausiren gingen und froh waren, wenn sie für einen Groschen Zwirn verkaufen konnten,

wurden nach dem Kriege sogar auf eine ganze
Tonne Goldes geschätzt, blähten sich wie die Pfau-
hähne auf und wären gern alle Tage in einer
Glaskutsche mit vier Schimmeln davor und einen
Bedienten im rothen Rock hinten drauf, spazieren gefahren. Fast alles baare Geld in dem
Herzogthum Pommern war zuletzt in die Taschen
dieser Geldjuden, Wucherer nnd Armeelieferanten
gefallen, in den Händen der Grundbesitzer, des
Abels und der Bauern, aber war fast nichts davon
übrig geblieben. Selbst in den vornehmsten Grafen-
häusern kam es häufig vor, daß die silbernen
Löffel, sogar die Halsketten und Ohrringe der
Frauen, versetzt oder selbst verkauft waren, um
nur baares Geld zu schaffen, und zinnerne Löffel die Stelle der früheren vertreten mußten.
Und es war nicht allein Geld und Gut, und
immer von Neuem wieder Geld und Gut, was
das ganze Herzogthum Pommern unaufhörlich
während dieser sieben schweren Kriegsjahre
opfern mußte, sondern ungleich drückender, und
mehr noch in das Wohl und Wehe aller Familien
eingreifend waren die ungeheuern Menschen-
opfer, welche die vielen blutigen Schlachtfelder,
Seuchen und Krankheiten in den Lazarethen
hinwegrafften.

Was dieser große Riesenkrieg dem kleinen,
armen, ohnehin nur schwach bevölkerten Herzogthum Pommern für Menschen gekostet hat, ist
wirklich ungeheuer. Jeden Herbst, wenn die Regimenter nach den beendeten Feldzügen wieder
in die Winterquartiere rückten, erschienen die
Rekrutirungsofficiere in den Cantons und hoben
mit unerbittlicher Härte, die leider durch den
Druck der Verhältnisse nur zu sehr geboten war,
so viele Rekruten aus, wie sie nur irgend bekommen konnten, um die Lücken, welche der letzte
Feldzug wieder gerissen hatte, wenigstens noth-
dürftig auszufüllen. Es kam zuletzt so weit, daß
kaum noch ein junger gesunder Bauerbursche
auf dem Lande, sowie kaum ein Knecht oder
Handwerksbursch in den Städten zu finden war,
denn Alle, die man nur irgendwie zum Soldatendienst gebrauchen konnte, wurden in des Königs Regimenter gesteckt. Ja man ging, besonders in den Jahren 1761 und 1762, wo die
Verluste immer größer wurden, so weit, daß
selbst junge Burschen von siebenzehn bis achtzehn
Jahren, die eigentlich für den Soldatendienst
noch viel zu schwach waren, zwangsweise in die
Kasernen gesteckt wurden. Die Werbeofficiere
durchstreiften Jahr aus, Jahr ein unaufhörlich

das Land, um allerlei fremde Kerle, Vagabun=
den, Deserteure und Kriegsgefangene, ja zuletzt
selbst die Sträflinge aus den Arbeits= und Zucht=
häusern, wenn sie nur nicht gar zu große Vergehen
begangen hatten, für den Kriegsdienst anzu=
werben.

„Futter für Pulver, bloßes Kanonenfutter;
aber es hilft nichts, der König muß immer von
Neuem wieder frische Soldaten haben, und diese
Kerle sind am Ende eben so gut, die Gräben
mit ihren Leibern auszufüllen, als alle anderen
Muttersöhne," sagte mir ein alter versoffener,
einarmiger Hauptmann, der als Werbeofficier in
Pommern unermüdlich thätig war, wenn ich ihm
wohl Vorstellungen darüber machte, welche Ha=
lunken und Taugenichtse er nun schon wieder in
ganzen Schaaren angeworben habe, und wie
solche Kerle doch unmöglich dem Heere nur den
mindesten Nutzen bringen könnten.

Und er hatte auch eigentlich recht hierin,
denn auch mit solchen Regimentern, in welchen
so viele schlechte und unzuverlässige Soldaten
dienten, wußte unser große König Friedrich
seine unsterblichen Siege über all' die zahlreichen
Feinde zu erkämpfen.

Wie die Bürger und Bauern aber fortwäh=

renb neue Refruten liefern mußten, so ber Abel
bie Officiere, beren Abgang verhältnißmäßig noch
größer als jener ber gemeinen Mannschaft war.
Wenn bie Junfer faum vierzehn bis fünfzehn
Jahre alt waren, so wurben sie schon in bie
Cabettenhäuser gestectt, um bort möglichst balb
zu Officieren ausgebilbet zu werben, ober traten
als Freicorporale in bie Regimenter ein, um
bann oft schon nach wenigen Monaten zu Fah=
nenjunfern ober Cornets beförbert zu werben. Es
war eine Ehrenpflicht für alle abeligen Fami=
lien, baß sie ihre gesunben Söhne, sobalb sie
nur in bem Alter waren, um für bas Heer
brauchbar zu sein, bem Dienste bes Königs wib=
meten, unb ein gesunber Junfer, welcher zu
Hause hätte bleiben wollen, wäre von allen sei=
nen Genossen so arg verspottet worben, baß er
sich faum noch hätte sehen lassen bürfen. Der
König brauchte jetzt unausgesetzt Officiere unb
wieber nur Officiere für seine Truppen, benn
jeber Felbzug fostete immer Hunberten von ihnen
bas Leben, unb ber Abel bemühte sich, solche stets
wieber in genügenber Menge zu liefern, so weit
bie Zahl seiner Söhne nur immerhin ausreichen
wollte.

Es hat zu jener Zeit in Pommern viele Fa=

milien gegeben, die drei bis vier, ja fünf bis
sechs Söhne im Kriege verloren haben, und
manche altadelige Geschlechter sind ganz ausge=
storben, da alle ihre männlichen Mitglieder auf
den Kampfstätten mit den Waffen in der Hand
für ihren König und ihr Vaterland den Solda=
tentod gefunden hatten. Es war gleichsam, als ob
Alle es wüßten, daß dem so sein müsse, so
eifrig war die Hingebung des Adels im Herzog=
thum Pommern für unsern großen König.

Und wie die Edelleute dachten auch die
Bauern sowie die meisten Bürger, besonders
in den kleinen Städten, und wenn auch wohl
die Weiber oft in ein Schmerzensgeheul aus=
brachen, sobald die Rekrutirungsofficiere ihnen
die Söhne aus den Häusern holten, so blieben
doch die Männer größtentheils ruhig und ge=
faßt, und sagten: „Laß es gut sein, Mutter,
unser König Friß braucht ja tüchtige Soldaten,
und wo anders sollte er solche wohl so gut be=
kommen, als von uns Pommern. Unser Junge
ist ein derber Bengel, und wenn er erst als
Soldat des Königs Rock trägt, so wird er schon
seine Schuldigkeit thun und gehörig auf die
Feinde losschlagen, und will es Gottes Gnade,
so kommt er ja, sobald der Frieden geschlossen

ift, mit gesunden Knochen wieder zu uns zurück; hat aber Gott es anders beschlossen, und soll er seinen Tod finden, — na, so hat er doch wenigstens den ehrlichen Soldatentod gefunden und ist als ein braver Pommer gestorben, und das muß dann auch schon trösten. Also höre nur mit dem Weinen auf, Mutter!"

Solche und ähnliche Worte habe ich damals oft von ganz einfachen Leuten in Pommern gehört, wenn ihre Söhne zum Dienst des Königs ausgehoben wurden, und sie klangen gar lieblich in meinen Ohren; war es mir doch immer dann, als ob ich eine Rede des Cicero über die Liebe zum Vaterland gelesen hätte, wenn auch freilich der alte römische Redner seine Worte viel besser zu setzen und die Regeln der Redekunst genauer zu befolgen verstand, als unsere pommerschen Bürgers= und Bauersleute.

Es ist doch etwas Schönes und Herrliches um die wahre Vaterlandsliebe, die sich in Thaten, und nicht blos in Worten äußert, und ich bin stolz darauf, einem Volksstamme anzugehören, der sich auf eine so hervorragende Weise bethätigte, als dies bei uns Pommern während des ganzen Siebenjährigen Krieges der Fall war. Unser große König wußte wohl, was er sagte, als er einst den Ausspruch that: „Meine Pommern lassen mich nicht im Stich, sondern halten fest, und eher würde die Welt untergehen, als daß die pommerschen Regimenter in ihrer Treue und Hingebung für ihre Fahne wichen."

Wenn nun unser Pommerland alle Jahre mehr von kräftigen Männern und Jünglingen entblößt wurde, so nahm die Zahl der Krüppel und Invaliden, die man in den Dörfern und Städten sah, leider immer mehr zu, je länger der Krieg dauerte. Leute mit einem Holzfuß hinter dem Pfluge oder in der Werkstätte zu sehen, war eine gewöhnliche Erscheinung, und wer mit einem Arme nur halbwegs zu gebrauchen war, der mußte seinen Dienst versehen, als ob er zwei gesunde Arme am Leibe hätte. Im Naugardter Kreise kam die Ritterschaft zusammen und machte aus, daß alle Hirten-, Nachtwächter-, Holzwärter und Vogt=stellen auf sämmtlichen Gütern nur an einarmige Invaliden vergeben werden sollten, und es eine Ehrenpflicht für die Gutsbesitzer sei, überhaupt alle Invaliden, die von ihren Rittergütern stamm=ten, so gut, als dies nur irgendwie die Umstände erlaubten, zu versorgen. Ein Gleiches geschah auch in den meisten Bauerdörfern und den Städten.

Da es an gesunden und kräftigen jungen Män=

nern so sehr fehlte, und die meisten jungen Mäd=
chen doch gern heirathen, unter die Haube kom=
men und nicht für ihr ganzes Leben alte Jung=
fern bleiben wollten, wie dies stets in der Welt
so gewesen ist und auch so sein wird, so konnten
auch viele Invaliden bessere Heirathspartien
machen, als sonst wohl der Fall gewesen sein
möchte. Ja, es wurde zuletzt sogar unter den
Bauers= und Bürgerstöchtern in manchen Gegen=
den eine Art Ehrensache, nur gewesene Soldaten,
wenn diese auch invalid waren, zu heirathen,
und wer nicht des Königs Rock so und so viel
Jahre mit Ehren getragen hatte, der konnte keine
Frau bekommen. Und ebenso wie die Bürgers=
und Bauerstöchter dachten auch die Edelfräulein
auf den Rittergütern. Die heiratheten nur Offi=
ciere, oder wenigstens solche, die es schon gewesen
waren; ehrenvolle Wunden galten ihnen als der
schönste Schmuck ihrer Verlobten, und wer recht
viel solche aufzuweisen hatte, der konnte deshalb
schon einer besonders guten Aufnahme bei den
jungen Fräulein versichert sein. Ist mir doch
ein Fall bekannt, daß ein junges, vornehmes und
reiches, wegen ihrer besondern Schönheit und An=
muth weit und breit bekanntes Edelfräulein die
Hand eines sehr reichen und dabei jungen und

stattlichen Grafen aus Mecklenburg entschieden
ausschlug, und dafür einen braven, gar nicht
hübschen Infanterie-Lieutenant heirathete, dem
bei Leuthen der eine Fuß abgeschossen und ein
mächtiger Säbelhieb über den Kopf gegeben war.

So waren damals, in den Jahren von 1757
bis 1763, die Verhältnisse in dem weit größten
Theile des früheren Herzogthums Pommern. Ich
führe dies besonders umständlich hier an, damit
kommende Geschlechter unserer Familie, wenn sie
es lesen sollten, sich ein lehrreiches Beispiel neh=
men können. Mögen sie daraus ersehen, was
Alles ein treues, in seiner Pflicht standhaftes Volk
mit festem Muthe und ungebeugter Zuversicht
ertragen kann, sobald die Umstände solches erfor=
dern, und daß alle Prüfungen des Schicksals wei=
ter keinen lähmenden Einfluß äußern können,
sobald nur die innere Kraft nicht fehlt und das
Bewußtsein, unter allen Drangsalen die Pflichten
des Patriotismus zu erfüllen, nicht abhanden ge=
kommen ist. Andererseits mögen spätere Nach=
kommen, denen etwa ein gütiges Geschick ruhigere
Zeiten des freundlichen Glückes bescheert, als sie
leider uns in langen Jahren zu Theil wurden,
Gott dem Herrn recht inbrünstig für solch gro=
ßes Glück danken, und sich dann mit vermehrter

Zufriedenheit ihres Lebens erfreuen, und nicht
mit steter Tadelsucht und unberechtigtem Spott
an ihren Verhältnissen mäkeln und Alles besser
gemacht wünschen, wie es nun einmal vorhanden
ist. Sollten aber auch die Kinder oder Kindes=
kinder unseres gegenwärtigen Geschlechts ähnliche
schwere Zeiten der Bedrängniß und der Trübsal
zu erdulden haben, als wie solche über uns ver=
hängt wurden, so mögen sie sich auch an der
Standhaftigkeit und Ergebung, womit wir tru=
gen, was Gott der Herr in seiner Allweisheit
über uns verhängt hatte, ein nachahmungswer=
thes Beispiel nehmen. Dabei sollen sie aber nie=
mals vergessen, daß der Ruhm und die Macht
des preußischen Staates, dessen hoffentlich alle
folgenden Generationen sich noch auf viele Hun=
derte von Jahren hin zu erfreuen haben werden,
wesentlich mit durch die Größe und Kraft un=
seres Königs Friedrich des Einzigen und die
Treue und Hingebung seines Heeres und Volkes
in so seltener Weise begründet wurden.

Sollten diese meine Worte, wenn sie bereinst
in späteren Zeiten gelesen werden, wirklich dazu
beitragen helfen, derartige Gesinnungen zu ver=
breiten und zu befestigen, so würde ich mich sehr
freuen, sie hier niedergeschrieben zu haben.

Den Winter von 1757 auf 1758 brachte ich
größtentheils in Stettin zu, und hatte viel zu
thun, mich in die mir gänzlich unbekannten neuen
Verhältnisse meines Amtes einigermaßen hinein=
zuarbeiten. Da ich nur eine geringe Besoldung
erhielt, und selbst einsah, daß die ohnedies schon
so sehr in Anspruch genommenen Kassen mir
nicht mehr würden bewilligen können, so lebte
ich möglichst einfach. Ich hatte mir ein kleines
Stüblein bei der Wittwe eines Schiffscapitäns
gemiethet und mich auch sonst für drei Groschen
täglich für Mittag= und Abendessen bei dieser
Frau in die Kost gegeben. Viele Leckerbissen
konnte ich freilich für eine solche Summe nicht
verlangen, doch wurde ich satt, und was konnte
ich mehr beanspruchen, zumal wenn ich bedachte,
daß viele Leute in dieser jetzigen Zeit es noch
ungleich schlechter hatten, als ich. Nur des vielen
Fischessens, denn wir aßen in der Woche minde=
stens viermal gekochte Fische zu Mittag, wurde
ich zuletzt doch etwas überdrüssig, und frischen
Hering kann ich seitdem nicht gut wieder auf
meinem Tische sehen.

Im März 1758 mußte ich meine Reisen be=
ginnen, um überall bei dem genauen Verzeichniß
aller Lebensmittel auf den Gütern gegenwärtig

zu sein. So kam ich denn auf gar viele Güter
und lernte einen großen Theil des Landadels
in Pommern in seinem eigenen Hause genau
kennen. Es ist ein ganz eigenthümliches Ge=
schlecht, diese pommerschen Landedelleute. Viel
Bildung herrschte selten, sowohl bei den Män=
nern wie Frauen, und wenn ich mit ihnen vom
Cicero oder Tacitus, oder dem Homer und mei=
nen anderen griechischen und lateinischen Lieb=
lingsautoren sprechen wollte, so sahen sie mich
verwundert an, denn ein großer Theil von ihnen
hatte diese Namen niemals gehört. Auch von
den französischen Schriftstellern, die damals in
den vornehmen Kreisen von Berlin so sehr Mode
waren und von unserem König Friedrich leider
nur zu sehr begünstigt wurden, wußte man auf
den pommerschen Rittergütern selten etwas. Wie
oft bin ich dort gefragt worden, was denn Vol=
taire, Maupertuis und Algarotti eigentlich für
Männer waren, und ob der König sie als Co=
mödianten oder Musikanten bei sich führe, und
was sie sonst für Nutzen stifteten. Wenn ich
dann sagte, daß es ausgezeichnete Gelehrte und
Poeten wären, dann schüttelten die Herren und
häufig auch wohl die Damen ganz verwundert
die Köpfe, daß unser königlicher Herr solchen

unnützen Leuten so hohe Ehren erweise und sie
sogar mit an seiner Tafel essen lasse, statt daß
sie doch eigentlich, ihrem untergeordneten Range
nach, kaum an der Hofmarschallstafel hätten einen
Platz finden sollen. Und wenn die Männer sich
sonst nur um ihre Landwirthschaft bekümmerten,
und außer für das, was auf ihren Gütern vor=
ging, lediglich für Alles, was den Krieg und die
Kriegführung anbetraf, und wo unser Heer sich
befinde, und ob der König schon wieder glänzende
Siege erfochten habe, Interesse bewiesen, so tru=
gen die Frauen fast nur Sorge um Küche, Kin=
berstube und Hauswirthschaft, und wußten auch
nur über Begebenheiten, welche im Bereich hier=
von lagen, zu sprechen. Selten, daß ein pom=
merscher Landedelmann oder seine Frau und Toch=
ter außer Bibel, Gesangbuch und dem Jahres=
kalender jemals ein gedrucktes Buch in die
Hand nahmen. Nur hin und wieder traf ich die
Fabeln von Gellert auf den Gütern, oder sah,
daß die Herren sich die Lieder eines Grenadiers
von Gleim, die damals unter den gebildeten
Ständen in den Städten mit Recht solch großes
Aufsehen zu machen anfingen, mit Vergnügen
vorlasen. Unter den jüngeren Leuten beiderlei
Geschlechts fing übrigens auch zu jener Zeit schon

eine vermehrte Bildung zu herrschen an. Es
wurden Hofmeister und Candidaten auf manchen
Rittergütern gehalten, ja hier und da ereiferte
sich die gnädige Frau schon dafür, daß ihre Töch=
ter selbst französisch parliren lernen sollten. Da
ich mich besonders während meines Aufenthaltes
bei dem Baron Bielfeld sehr eifrig mit dem Stu=
dium der französischen Sprache beschäftigt hatte
und jetzt solcher vollkommen mächtig war, so galt
ich in den Augen dieser Damen als ein wahres
Ungeheuer von Gelehrsamkeit, und sie glaubten,
daß es gar nichts geben könne, was ich nicht
wisse.

Abgesehen von dieser äußerst geringen Bil=
dung und dem Mangel an geistigen Interessen,
welche mir, besonders anfänglich, bevor ich mich
einigermaßen daran gewöhnt hatte, so sehr un=
angenehm auffielen, mußte ich diese pommerschen
Landedelleute=Familien fast durchweg von ganzem
Herzen ehren und schätzen. Es lag in der Regel
ungemein viel Tüchtiges und Ehrenhaftes in dem
Charakter dieser Männer wie Frauen. Nicht allein,
daß die Männer, wie ich schon vorhin erwähnte,
die besten Patrioten waren, die für unsern König
und unser Preußenland freudig Gut und Blut
opferten, sondern sie zeigten sich auch als eifrige

Landwirthe, gute Hausväter, sorgsame und gerechte Herren über ihre Gutsunterthanen und ihr
Hausgesinde, und von der strengsten Rechtlichkeit
in jeglichem Verkehr. Ein Mann, ein Wort! war
der Wahlspruch Aller, und auf den Handschlag
eines echten pommerschen Edelmannes konnte man
sicherer als auf das beste gerichtliche Document
bauen. Die Frauen und Fräulein waren von
der strengsten Zucht und Sitte, dabei häuslich,
wirthschaftlich, pflichtgetreu, wie sich denn überhaupt das Familienleben auf den meisten Gütern
in der vollsten Reinheit erhalten hatte. Das Alles
waren, wenigstens nach meiner Ansicht, so vortreffliche Eigenschaften, daß man ihretwegen von
der geringen Bildung etwas absehen mußte und
diese wackeren Menschen nur von ganzem Herzen
achten und schätzen konnte. So fühlte ich mich
denn, je länger und häufiger ich auf vielen pommerschen Rittergütern verkehrte, desto heimischer
auf den meisten derselben, und es gab manche
Familien, für die ich eine wahre Freundschaft
empfand. Zwar waren sie fast alle von großem
Stolz auf ihren Adel beseelt, und eine Heirath
zwischen pommerschen adeligen und bürgerlichen
Personen wäre damals etwas Unerhörtes gewesen. Doch besaßen sie fast alle zu viel Gastlich-

keit und ritterlichen Sinn, als daß sie mich, so
lange ich in ihren Häusern weilte, den Unterschied
des Standes auf eine beleidigende Weise hätten
empfinden lassen. Ich war dann ihr Gast, und
das genügte vollkommen.

Da die schwedischen Truppen jetzt in Pommern
einrückten, so hatte ich den Befehl erhalten, mich zu
dem Obergeneral derselben zu begeben, um mit ihm
über eine möglichst geregelte Verpflegung zu unter=
handeln. Gerade der Umstand, daß ich fertig fran=
zösisch sprach, bewirkte, daß ich vorzugsweise zu die=
sen Unterhandlungen mit den Officieren fremder
Heere, welche der deutschen Sprache nicht mächtig
waren, benutzt wurde, da meine eigentlichen Chefs
sich nur deutsch auszudrücken verstanden. Nur
Herr von Arnim versuchte hin und wieder, be=
sonders wenn der Wein ihm die Zunge gelöst
hatte, einige gewöhnliche französische Redens=
arten hervorzustottern, blieb aber meistens nach
den ersten paar Phrasen schon stecken und überließ
mir dann die fernere Fortführung des Gespräches.

Im Allgemeinen haben die schwedischen Trup=
pen sich in diesem Kriege nicht viel Ruhm er=
worben, und wenn sie auch besser fochten als
die sogenannte Reichsarmee, die bei jeder Gele=
genheit wie eine Heerde Schafe auseinander=

lief, sobald unsere Soldaten nur etwas ernsthaft dagegen anrückten, so hielten sie doch unseren Heer= schaaren niemals Stand. Ich bin kein Kriegs= mann, und verstehe von Krieg und Kriegführung so wenig, daß ich kein berechtigtes Urtheil dar= über abgeben kann, aber nach Allem, was ich in diesen Kriegsjahren in Pommern von den Schweden sah und hörte, war auch ein gewaltiger Unterschied zwischen ihnen und unseren preußischen Truppen.

Bei uns war jeder Officier, der im Heere zu dienen die Ehre hatte, Soldat und nur Sol= dat, und kannte weiter gar nichts, als streng die Pflichten seines Standes erfüllen. Sich in weitere politische Discussionen einzulassen, fiel keinem Officier ein, und noch weniger, an den Be= fehlen, die der König gab, zu kritisiren und zu mäkeln, oder sich zu erfrechen, etwas besser wissen zu wollen, als unser königlicher Herr dies selbst wußte, war eine Sache, die gar nicht vorkommen konnte. Der König hätte auch wahrlich keinen Spaß verstanden, wenn er so etwas erfahren, und der Officier, der ein politischer Raisonneur gewesen, wäre sogleich mit Schimpf und Schande aus dem Heere cassirt worden.

Bei den Schweden war es hierin aber ganz anders. Viele Officiere, und besonders die von

hohem Rang und vornehmem Adel, kümmerten
sich eigentlich mehr um Politik als um ihre mi=
litärischen Pflichten. Es sollen auf dem Reichs=
tage zu Stockholm zwei große politische Parteien
gewesen sein, die man — aus welchem Grunde,
habe ich niemals genau erfahren können — die
der Hüte und die der Mützen nannte. Der wü=
thende Haß, den diese Parteien gegen einander
hegten, trug sich auch auf Officiere, die ihnen
angehörten, über. Stammten daher Officiere aus
Familien von der Partei der Hüte, so hatten sie
Mißgunst gegen die der Mützenpartei und suchten
solche bei ihren militärischen Actionen nicht ge=
nugsam zu unterstützen, und ebenso war es auch
umgekehrt wieder der Fall. Namentlich äußerte
sich diese Mißgunst der Parteien gegen den
Oberbefehlshaber des Heeres. War derselbe durch
den Einfluß der Hutpartei zu dieser Stelle ge=
kommen, so suchten alle Officiere von der Mützen=
partei zu bewirken, daß er möglichst wenigst Ruhm
und Ehre erntete und bald wieder mit Spott
und Schande von seinem Posten abberufen wer=
den mußte, und so ging es umgekehrt. Daß diese
Herren ihre militärische Ehre selbst dadurch schän=
deten, wenn das schwedische Heer sich so mittel=
mäßig schlug, daß unser König es mit kaum

sechs- bis achttausend Mann fortwährend im Zaum halten konnte, fiel ihnen nicht ein. Die waren dazu viel zu eifrige Politiker, die über ihr politisches Parteigetriebe alles Andere vergaßen. Uebrigens fochten auch sehr viele schwedische Officiere ersichtlich ungern gegen uns, und tadelten es hart, daß Schweden sich den Feinden Preußens beigesellt hatte und nicht vielmehr zu dessen Bundesgenossen gehörte. Die Schweden sind durchweg eifrige Protestanten, wie denn auch der große Schwedenkönig Gustav Adolf der von den Habsburgern unterdrückten protestantischen Kirche in ganz Deutschland ein mächtiger Beschützer gewesen ist, und so waren sie jetzt mit vollem Rechte empört darüber, daß Schweden nunmehr im Verein mit dem katholischen Oesterreich und Frankreich und dem griechisch-katholischen Rußland gegen das protestantische Preußen, den Schutz und Schirm des Protestantismus in Deutschland, zu Felde ziehe. Auch viele deutsche Officiere, die im schwedischen Heer dienten, besonders aber aus dem sogenannten „Schwedisch-Pommern," waren in ihrem Herzen gut preußisch gesinnt, und fochten nur gezwungen gegen uns. Waren vor dem Ausbruch des Siebenjährigen Krieges doch schon viele Officiere aus „Schwedisch-Pom-

mern," die bisher im schwedischen Heere gedient
hatten, in unsere Armee eingetreten, weil sie
sagten, daß sie dort Hoffnung hätten, sich grö=
ßeren Kriegsruhm zu erwerben. Nun, hierin
werden jene Herren sich denn auch nicht getäuscht
haben. Aus gleichem Grunde sind auch stets
viele sächsische, mecklenburgische und braunschwei=
gische Officiere in die preußische Armee einge=
treten.

Ich habe stets wenig kriegerische Neigung
verspürt, und freue mich auch sehr, daß ich ein
Mann der Wissenschaft geworden bin und nicht
zu den Fahnen des Kriegsgottes Mars geschwo=
ren habe; das aber weiß ich, wäre ich ein Offi=
cier geworden, so hätte ich lieber in einem gro=
ßen geachteten Heere, wie es das preußische glück=
licherweise stets gewesen ist, als in einem andern
kleinen Contingente gedient, obgleich ich über=
zeugt bin, daß man auch darin vollkommen seine
Pflicht erfüllen und ein wahrer Ehrenmann sein
und bleiben kann.

Was nun die schwedischen Soldaten anbetraf,
so waren es in der Regel große, starke und kör=
perlich sehr abgehärtete Männer. Sie hatten
viel Muth und zeigten große Standhaftigkeit,
und bei recht strenger Führung hätten sie gewiß

das Tüchtigste geleistet; da aber diese fehlte, so
waren sie faul, bequem und ohne Zucht und
Ordnung. So eine schwedische Truppe marschirte
so langsam wie eine Schnecke, und wenn die
Leute zwei Meilen auf den Tag gemacht hatten,
so glaubten sie Wunder was gethan zu haben
und waren zu keiner weiteren Anstrengung zu
bewegen. Im Vorposten= und Patrouillendienst
waren sie äußerst nachlässig, und so wurden ihre
kleinen Abtheilungen bei jeder Gelegenheit von
unseren Husaren und Freibataillonen überfallen
und aufgehoben, ohne daß die Anderen sich daran
ein Beispiel genommen hätten. Da waren unsere
preußischen Truppen ganz anders in Zucht und
mußten weit größere Anstrengungen machen, und
eine preußische Husarenpatrouille ritt in einer
Woche mehr als eine schwedische in einem gan=
zen Monat.

Zu loben war bei den schwedischen Truppen
ihre strenge Religiosität. Fast jeden Abend wurde
Betstunde bei ihnen gehalten, und auch sonst sah
man, sowohl Officiere wie Soldaten, so häu=
fig sich ihnen nur Gelegenheit dazu bot, die
Kirche besuchen. Das war leider in unserem
preußischen Heere nicht der Fall, und an dieser
Frömmigkeit hätte es sich immerhin ein gutes

Beispiel an dem schwedischen Heere nehmen kön=
nen. Diese Frömmigkeit bewirkte auch, daß die
schwedischen Truppen sich stets am besten in den
Quartieren betrugen und die wenigsten Rohhei=
ten und Brutalitäten gegen die Landeseinwohner
verübten. Von all' den vielen Feinden, welche
in diesen traurigen sieben Kriegsjahren unser
armes Preußenland überzogen, haben sich die
Schweden weitaus am besten betragen, und
den Ruf der größten Menschenfreundlichkeit hin=
terlassen. Das ist doch aber schon etwas sehr
Schönes und eine erfreuliche Frucht der wahren
Gottesfurcht.

Unter den schwedischen hohen Führern habe
ich in Geschäftssachen am meisten mit dem Gra=
fen Hamilton zu thun gehabt. Er stammte aus
einer vornehmen englischen Familie, die nach
Schweden ausgewandert und dort schon seit län=
geren Jahren ansässig war. Dieser Herr war
ein sehr stolzer, abgemessener Mann, ein rechter
Grandseigneur, dabei aber gerecht und milde.
Im Anfang würdigte er mich kaum eines Wor=
tes, als er aber merkte, daß ich gewandt fran=
zösisch sprechen konnte, wurde er plötzlich viel
herablassender gegen mich, sprach oft längere
Zeit ganz freundlich mit mir über die verschie=

denften Gegenftände und hat mich fogar einmal
der Ehre gewürdigt, im Lager bei Anklam an
feiner eigenen Tafel mit ihm fpeifen zu bürfen.
Es war dies ein großes Ereigniß, welches unter
den fchwedifchen Officieren förmliches Auffehen
erregte, da es bekannt war, daß der Graf Ha=
milton keinen Officier, der nicht wenigftens
Oberftenrang befaß, oder von altadeliger Ge=
burt war, zu feiner Tafel einlud. Als General
leiftete übrigens der Graf fehr wenig, und die
ihm feindlichen Officiere behaupteten, daß er
abfichtlich nichts thun wolle, weil er zu der Par=
tei der Hüte gehöre, welche überhaupt dem gan=
zen Kriege abgeneigt fei. Ob dies begründet ift,
darüber habe ich kein Urtheil.

Auch hatte ich wiederholt mit dem General
von Recklingshaufen Gefchäfte wegen Lieferungen,
welche die pommerfche Ritterfchaft den fchwe=
bifchen Truppen zwangsweife machen mußten.
Es war ein alter, derber Kriegsmann, zwar an=
fcheinend hart und ftreng, aber im Grunde doch
gutmüthig. In feinem Herzen war er eigentlich
gut preußifch gefinnt, doch überwog bei ihm die
Soldatenpflicht alles Andere, wie dies auch bei
jedem ehrliebenden Kriegsmanne der Fall fein

soll, und er wetterte oft nicht wenig über die
lahme Kriegführung.

Nachdem die Schweden während des Sommer=
feldzuges 1758 die Städte Usedom und Wollin
besetzt und sich etwas mit unseren Truppen um=
hergeplänkelt hatten, gingen sie im Herbst des=
selben Jahres wieder nach Schwedisch=Pommern
zurück, und ihr Feldzug hatte ein Ende. Allzu
viele Leute hatten sie dabei nicht verloren.

———————

Meine Begleitung des Corps vom Grafen Dohna, welches
gegen die Russen an die Oder marschirt. Entsetzliche Ver-
heerungen, welche die Russen in allen Theilen des preußischen Staates, die von ihnen durchzogen wurden, verübten.
Gefechte mit den Kosaken. Aufenthalt in Colberg während
der Belagerung im Jahre 1760 durch ein Landheer und
eine Flotte der Russen. Tod meiner Mutter. Muthige
Vertheidigung des Obersten von der Heyden. Patriotismus
der Bürgerschaft. Meine Verlobung während der Belagerung. Entsatz von Colberg durch ein preußisches Corps
unter dem General von Werner.

Den Winter von 1758—59 verbrachte ich
größtentheils in Stettin, und hatte dort genug
zu thun, um mein Rechnungswesen einigermaßen
in Ordnung zu halten, zumal ich doch auch häufig
abwesend sein mußte. Mit meinen geliebten
Classikern konnte ich mich fast gar nicht beschäf-
tigen, und es blieb mir nur selten so viel freie
Zeit übrig, um ein Stündchen ruhig im Taci-

tus oder Virgil lesen zu können. Das war
dann stets eine wahre Erholung, die mich zu
neuen Anstrengungen und Verdrießlichkeiten wie=
der stärkte. An letzteren fehlte es wahrlich nicht,
und es gab täglich nur zu viel Aerger, den man
noch dazu meist stillschweigend hinunterschlucken
mußte. Mein Amt war mir im höchsten Grade
unangenehm, nur mein Pflichtgefühl gegen das
Vaterland bestärkte mich in dem Vorsatze, unter
allen Umständen darin auszuharren. Wie sehnte
ich mich oft nach Ruhe und Frieden und malte
mir im Geiste herrlich und prächtig aus, wie
schön es sei, wenn das Friedensgeläute von allen
Kirchthürmen des heimathlichen Landes ertönte,
und unsere Kriegsschaaren, mit den Lorbeeren des
Sieges reich geschmückt, wieder heimkehrten. Dann .
wollte ich mich um eine Lehrerstelle an einer hö=
heren Schule bewerben, und freute mich darauf,
in einer Klasse zu stehen und meine lernbegie=
rigen Schüler in die Schönheiten der griechischen
und lateinischen Sprache einzuweihen, mit ihnen
die alten Classiker zu lesen und ihre leicht
empfänglichen, jugendlichen Herzen mit den
unvergänglichen Gesetzen der edeln Vaterlands=
liebe, geschildert in den schönsten Formen, welche
je eines Menschen Feder niederschrieb, zu begei=

ſtern. Das waren damals gar ſchöne Träume,
wie mir denn überhaupt der Beruf eines Leh=
rers, je mehr ich darüber nachdachte, immer wür=
diger und ganz für meine Perſönlichkeit geeignet
erſchien, und ich freute mich, ſolchen mit voller
Luſt und Kraft erwählt zu haben.

Vor der Hand war leider freilich eine ſehr
geringe Ausſicht, daß ich bald ein ſolch fried=
liches Leben, wie ich es wünſchte, führen dürfe.
Von allen Seiten drängten 1759 die übermäch=
tigen Schaaren der Feinde abermals gegen un=
ſer armes Preußenland. Es war wirklich oft,
als ob eine Meute gieriger Jagdhunde ſich zu=
ſammengerottet hätte, um den ſtolzen Edelhirſch
in grimmiger Wuth anzufallen und trotz ſeiner
muthigen Gegenwehr durch ihre Uebermacht zu
zerfleiſchen.

Zwar wurden die Schweden durch den Grafen
Dohna, der jetzt in Pommern befehligte, mit leich=
ter Mühe in Zaum gehalten, aber ein ungleich ge=
fährlicherer und dabei leider auch weit grauſame=
rer Feind brach jetzt mit Macht verheerend in
unſere Grenzen ein; dies waren die Ruſſen.
Wie dieſe in allen Theilen des preußiſchen Staa=
tes, welche das Unglück hatten, in ihre Gewalt
zu fallen, hauſten, war wirklich entſetzlich. Die

Türken und Baschkiren können nicht ärger wü=
then, als es oft diese Russen thaten, die sich doch
wenigstens dem Namen nach Christen nannten,
und niedergebrannte Dörfer, geplünderte Häuser,
grausam und oft nur aus wahrer Bestialität ge=
mordete friedliche Einwohner waren überall in
nur zu großer Zahl zu finden, wo diese Unholde
nur eine Zeit lang gewirthschaftet hatten. Es
war wirklich oft, als ob ein neuer Attila mit
seinen Hunnen, der, Alles mit Feuer und
Schwert verwüstend, als eine wahre Geißel
Gottes angesehen werden konnte, in unser Land
eingebrochen sei.

Der General Graf Dohna, der sich als ein
sehr tüchtiger Kriegsmann bisher bewiesen hatte,
erhielt von dem Könige nun Befehl, den Gene=
ralmajor von Kleist mit 6000 Mann den Schwe=
den gegenüber stehen zu lassen, und dann mit
seinen übrigen Truppen den Russen, die unter
den beiden Generälen Soltikof und Grafen Fer=
mor langsam anmarschirt kamen, entgegenzu=
rücken.

Der Umstand, daß ich als der französischen
Sprache sehr mächtig bekannt war, verschaffte
mir den unangenehmen Auftrag, den Grafen
Dohna zu begleiten, um mit für die Verpflegung

feines Heeres Sorge tragen zu helfen. Es war
nämlich der Befehl des Königs, daß wir, wo
möglich, über die Oder gehen und nach Polen
einrücken sollten, um dort die Russen in die
Flanke zu fassen, während der König selbst, mit
seinem Heere aus Schlesien kommend, sie von
vorn angreifen wollte.

Da in Polen die Edelleute zwar durchweg
der französischen, aber fast niemals der deutschen
Sprache mächtig sind, so wünschte man, daß
möglichst viele Beamte, die gewandt französisch
sprechen und schreiben konnten, das Dohna'sche
Corps begleiten sollten.

So kam ich denn gegen Wunsch und Willen
wieder mitten in das wildeste Kriegsgetümmel
hinein. Es war ein in jeder Hinsicht höchst
unangenehmer und beschwerlicher Zug, den wir
machten, und selten habe ich mich in meinem
ganzen Leben so unbehaglich gefühlt, als wäh=
rend dieser Zeit. Dazu kam, daß Graf Dohna
seiner vielen Wunden wegen, die ihm große
Schmerzen verursachten, immer in der schlechte=
sten Laune war, und ich gar oft die heftigsten
Vorwürfe von ihm erhielt, welche ich natürlich
schweigend einstecken mußte, obgleich ich selbst
fühlte, daß ich sie nicht im mindesten verdient

hatte, denn so viel ich nur irgendwie vermochte, suchte ich meine Obliegenheiten zu erfüllen, und war Tag und Nacht fast thätig.

Da die Gesundheit des Grafen Dohna zuletzt zu schwach wurde, so mußte er nothgedrungen das Heer verlassen, und der Generallieutenant von Wedel übernahm den Oberbefehl, wodurch ich wenigstens für meine Person eine etwas bessere Behandlung erhielt.

Je weiter wir nun vorrückten, desto ärmlicher wurde das Land und desto schwieriger hielt es, die Verpflegung für die Truppen zu beschaffen. Und als wir nun gar in die Gegend kamen, wo früher schon Russen gestanden hatten, die langsam vor uns sich wieder zurückzogen, da sah Alles aus, als sei ein Heuschreckenschwarm allbort eingefallen, und habe alles rattenkahl gefressen.

Die Dörfer waren niedergebrannt, die unglücklichen Bewohner, die nicht getödtet oder durch Hunger und Seuchen erlegen waren, hatten sich in die Wälder geflüchtet und lebten dort wie die wilden Thiere von Beeren und Kräutern. Da war denn freilich auch für unsere Truppen nichts zu holen, und die Soldaten mußten von dem Fleisch der aus Hunger und

Mattigkeit gefallenen Pferde leben und sich dazu
eine Suppe aus Kohl, Gras und halbreifem
Getreide oder Obst und Beeren, und was noch
sonst auf den Bäumen und Feldern zu finden
war, kochen.

Solch ein Essen schmeckte selbstverständlich
äußerst schlecht, doch der Hunger trieb es schon
hinunter, und es war doch besser wie nichts, da
es wenigstens den Magen füllte, wenn auch sonst
weiter nicht viel Kräfte gab. Und welche Sce=
nen des Elends bekamen wir dabei leider nur
zu häufig zu sehen. So entsinne ich mich auch,
daß ich einst unter der Escorte einer Schwabron
Husaren des Malachowsky'schen Regimentes
ausgeritten war, um zu sehen, ob wir in einem
großen Dorfe, das vor uns lag, nicht noch we=
nigstens einige Lebensmittel würden auftreiben
können.

Es war uns bekannt, daß Kosaken hier schon
in der Nähe herumschweiften, und so war die
größte Vorsicht geboten. Zwar hielten die Ko=
saken im freien Felde niemals die Angriffe der
preußischen Husaren aus, und eine einzige
Schwabron jagte oft Tausende dieser greulichen
Kerle auseinander, aber in heimlichen Ueber=
fällen waren sie oft sehr gewandt und schlau,

so daß die einzelnen Patrouillen und Vorposten
sich stets vor ihren Anfällen in Acht nehmen
mußten. Darin hatten es unsere Truppen den
Schweden gegenüber, welche, so viel mir wenig=
stens bekannt wurde, niemals auch nur den ge=
ringsten Ueberfall versuchten, doch weit besser.

Wir mochten wohl noch eine Viertelstunde
von dem Dorfe entfernt sein, als einer der Hu=
saren von der Avantgarde im vollen Galopp zu=
rückgejagt kam. Vor sich auf dem Sattel hielt
er aber einen kleinen Knaben von fünf bis sechs
Jahren, der fast ganz unbekleidet war und laut
schluchzte.

Das Kind war den Husaren entgegen=
gelaufen und bat sie unter lautem Weinen
und Schluchzen, doch ja recht schnell in das
Dorf zu reiten und seinen Vater zu befreien, der
von den Kosaken halbtodt geprügelt wurde. So
hatte der Korporal, welcher die Avantgarde be=
fehligte, den einen Husaren mit dem Kinde zu
dem Rittmeister zurückgesandt, damit dieser so
schnell als möglich die Meldung hiervon er=
hielte.

Der Knabe, der für sein Alter schon recht ver=
ständig zu sein schien, erzählte nun dem Ritt=
meister, dabei oft von heftigem Weinen unter=

brochen, daß plötzlich ein ganzer Haufen von Ko=
faten auf den Hof seines Vaters, der Pastor
im Dorfe sei, angeritten gekommen. Die Kerle wa=
ren nun gleich in das Haus gedrungen, raub=
ten und zerstörten Alles und mißhandelten den
Vater und die Mutter auf die grausamste Art,
so daß sie laut geschrieen hätten. Der Knabe war
aus dem Fenster gesprungen und fortgelaufen,
um wo möglich Hülfe zu holen, und hatte
glücklicher Weise hierbei unsere Husaren ange=
troffen.

Sowie der Rittmeister der Schwadron, ein
alter Officier, diese Nachricht aus dem Knaben
herausgefragt hatte, drehte er einigemal wie
nachdenkend seinen langen eisgrauen Schnauz=
bart, und sagte dann: „Den Kerlen soll die
Kreuzschockschwerenoth auf den Leib fahren, und
wir wollen ihnen die Lust zum Plündern schon
gründlich austreiben." Er befahl nun einem
Cornet, mit fünfundzwanzig Husaren so schnell
wie möglich auf einem Feldwege halb links um
das Dorf herum zu reiten, und so den Kosaken
in den Rücken zu kommen, während die übrige
Mannschaft der Schwadron geradezu von vorn
einrücken mußte. Obgleich es nun eigentlich
nicht zu meinem Berufe gehörte, an den Gefech=

ten der Husaren persönlich Antheil zu nehmen,
so zog ich doch den Säbel, den ich um meinen
Civilrock gegürtet trug, lockerte die Pistolen im
Holfter und folgte den Husaren in vollem Ga=
lopp nach. Als wir in das Dorf einritten, ka=
men plötzlich eine Menge Kosaken taumelnd aus
allen Häusern herausgelaufen, welche ganz oder
halb betrunken waren, und wollten eiligst auf
ihre an den Zäunen angebundenen Pferde stei=
gen. Diese Kerle hatten Branntwein im Dorfe
gefunden, worauf alle Kosaken so gierig, wie
die Fliegen auf den Syrup, sind, und sich nun
der Sauferei so sehr ergeben, daß sie selbst die
gewöhnlichsten Vorsichtsmaßregeln versäumt und
nicht einmal Vorposten ausgestellt hatten. Das
war aber ihr Unglück. Wie die Racheengel, mit
blitzenden Schwertern sausten unsere Husaren
zwischen die Haufen der betrunkenen Kosaken,
die theilweise zwar Widerstand versuchen, größ=
tentheils aber sich flüchten wollten, und ihre Sä=
bel hieben sogleich viele zusammen, ohne daß
wir, außer einigen leicht Verwundeten, einen
Verlust dabei erlitten. Inzwischen war der Cor=
net mit seinen Husaren nun auch von der an=
dern Seite in das Dorf gedrungen, und so wur=
den die Kerle denn umzingelt, daß es nur

Einzelnen gelang, sich zu Fuß zu retten. Bei
dieser Gelegenheit mußte ich zum ersten Male
in diesem Kriege meine Pistole zur Selbstver=
theidigung gebrauchen. Ein baumlanger Kosak,
mit großem Fuchsbart in seinem von Brannt=
wein geröthetem Gesicht, der mir wohl ansehen
mochte, daß ich gerade nicht sonderlich zu den
Fechtern gehörte, kam mit einem lauten Fluche
auf mich zugerannt und wollte mir seine Pike
durch den Leib stoßen. Mir blieb nichts Ande=
res übrig, als eiligst eine Pistole auf den Kerl
abzufeuern, und da ihn die Kugel in die Brust
getroffen hatte, so stürzte er augenblicklich zu=
sammen und ein dicker Blutstrahl strömte aus
der Wunde. Zwar war es nur Nothwehr,
daß ich dies gethan hatte, allein trotzdem war
mir der Gedanke fürchterlich, daß ein Mensch
jetzt durch meine Hand getödtet sein solle. Es
peinigte mich dies förmlich, und als ich später
erfuhr, daß dieser Kosak nicht gestorben, son=
dern nur verwundet war, fiel es mir wie centner=
schwer von der Brust. Ich nahm mich des Ver=
wundeten nach besten Kräften an, pflegte ihn
möglichst und litt lieber selbst oft den empfind=
lichsten Mangel, wenn es ihm nur nicht an dem
Nothwendigsten gebrach. Als dieser Kosak end=

lich vollständig geheilt entlassen wurde — denn
diese Kerle haben eine ungemein zähe Natur
und können schon etwas aushalten, war ich sehr
froh und schenkte ihm noch zum Abschied zwei
ganze Thaler, so knapp es auch sonst in meiner
Kasse aussah, worauf er mir bemüthig die Füße
küßte, wie es so die Sitte dieser Halbwilden ist.
Es mag sein, daß den Soldaten von Handwerk
das Tödten der Feinde zuletzt so zur Gewohn=
heit wird, daß sie sich nicht mehr daraus machen,
einen Menschen zusammen zu schießen oder zu
hauen, als wenn ein Jägersmann Hasen todt
schießt, allein mein Geschmack wäre ein solch
blutdürstiger Beruf nun einmal nicht, und ich
preise meinen Schöpfer, daß ich ein friedlicher
Mann der Wissenschaften, und kein rauher Kriegs=
held geworden bin.

Als unsere Husaren im Dorfe den größten
Theil der Kosaken zusammengehauen oder ge=
fangen genommen hatten und die anderen so
eilig davonliefen, als sei der leibhaftige Teufel
ihnen auf der Ferse, eilten wir in das Pfarr=
haus. Wie schrecklich sah es aber dort aus!
Noch jetzt, nach langen Jahren, kann ich den
Anblick, der sich mir daselbst darbot, nicht ganz
vergessen. Der Pfarrer, ein ehrwürdiger Mann,

war mit beiden Händen an die Thüre gebunden,
die Kleider hingen ihm zerrissen vom Leibe und
sein ganzer Rücken war eine blutende Fleisch=
masse, aus der das Blut schwarz herunterlief,
so arg hatten ihn die Kosaken mit ihren Kant=
schuhen zerhauen. Alles Haus= und Zimmer=
geräth war verwüstet, und die Bibliothek des
Pfarrers aus rohem Muthwillen gänzlich zer=
stört. Noch schlimmer aber war es der Frau des
Pastors und den beiden Hausmägden ergangen.
Alle lagen, an Händen und Füßen gebunden,
mit abgerissenen Kleidern auf den Betten, und
die Scheusale hatten ihnen Gewalt angethan, um
ihre thierischen Triebe befriedigen zu können.
Die arme Pastorfrau soll, wie ich später erfuhr,
an den Folgen dieser brutalen Mißhandlungen
gestorben sein. Auf solche empörende Weise
hausten die Russen, und besonders die Kosaken,
damals in nur zu vielen Orten unseres Landes.
Ich bin von Natur gewiß kein grausamer und
rachsüchtiger Mensch, aber als unser Rittmeister
damals, empört über den Vandalismus der Ko=
saken in diesem Dorfe, einige von unseren Ge=
fangenen gehörig durchkarbatschen ließ, daß sie
laut aufheulten, und den Kosaken=Hetman,
der noch grob sein wollte, mit der flachen Klinge

über sein Maul hieb, daß ihm die Zähne wackel=
ten, und ihn dann später auch nicht als Officier,
sondern nur als einen gemeinen Gefangenen
behandelte, freute ich mich doch sehr darüber.

Wir erbeuteten bei dieser Gelegenheit über
hundert Kosakenpferde, von denen ich ein gutes
Reitpferd erhielt, und machten viele Gefangene.
Später nahmen unsere Husaren noch einen an=
sehnlichen Transport Brotwagen und Schlacht=
vieh den Russen ab, so daß wir mit den Erfol=
gen unseres Streifzuges schon zufrieden sein
konnten.

Ein ziemlich heftiges Gefecht hatten unsere
Truppen am 23. Juli unweit Züllichow an der
Oder. Ich selbst war über eine Meile vom
Schlachtfelde entfernt, bei der Bagage des Heeres.
Wir waren Alle in der gespanntesten Erwartung
über den Ausgang des Kampfes und hofften drin=
gend auf einen Sieg, der uns aber leider nicht
zu Theil wurde. Die Uebermacht der Russen war
zu groß, und obgleich unsere braven Truppen
dreimal vorgingen, wobei der Generalmajor von
Wobersnow, ein sehr muthiger Kriegsheld, den
Soldatentod fand, so wollte es doch nicht gelin=
gen, die Feinde vom Schlachtfelde zu vertreiben.
Während unsere regulären Truppen vorn kämpf=

ten, hatte ein starker Haufen Kosaken einen Um=
weg gemacht und wollte unsere Bagage angrei=
fen. Es entstand auch große Angst und Ver=
wirrung daselbst, und besonders die Marketender=
Weiber und was wir sonst noch Alles von der=
artigem Volke bei uns hatten, erhoben ein Zeter=
geschrei, als wenn sie schon an den Spießen der
Kosaken steckten. Der Commandant der Bagage,
ein alter Major, verlor aber den Kopf keinen
Augenblick. Er ließ die Lagerwache, die bewaffne=
ten Troßknechte und alle Männer, die sonst nur
irgendwie die Waffen tragen konnten, eiligst in
Reih' und Glied treten und gegen die Kosaken
vorgehen. Als diese nun sahen, daß sie unser
Lager doch nicht ohne einen harten Kampf wür=
den erobern können, kehrten sie sogleich wieder
um, wie das nun einmal die Gewohnheit dieser
Kerle war, die niemals einen ernsthaften Angriff
auf unsere Truppen zu unternehmen wagten.

Wenn unsere Soldaten nun auch nicht an
diesem Tage den Sieg zu erringen vermochten,
so konnten doch auch die Russen nicht vorwärts
kommen, und schon am andern Tage vermochte
der General von Wedel trotzdem den Uebergang
über die Oder zu unternehmen. Ich selbst blieb
jetzt aber zurück und ging nicht mit über die

Ober, sondern hatte die Zusammenbringung von Lebensmitteln und deren Nachsendung an unser Heer zu besorgen. Es fehlte dabei oft an dem Nothwendigsten, und wir mußten mitunter den armen, ohnehin so sehr geplagten Landeseinwohnern die letzte Kuh aus dem Stalle ziehen lassen, um unsere Soldaten wenigstens einigermaßen mit Fleisch zu versehen. Wie mir bei dieser Härte oft das Herz blutete, kann ich gar nicht sagen, und mag überhaupt an diese schreckliche Zeit nur ungern zurückdenken. Allein es half nichts, die Noth kennt kein Gebot, und unsere Soldaten durften nicht verhungern und mußten wenigstens einigermaßen zu essen bekommen, wenn sie sich schlagen und das Vaterland vom Feinde retten sollten.

Leider traf uns jetzt noch die Schreckenskunde von dem Verluste der großen, blutigen Schlacht bei Kunersdorf, die unser König Friedrich gegen die bedeutende Uebermacht der vereinigten russisch-österreichischen Armee geschlagen und nach dem hartnäckigsten Ringen, das einen ganzen langen Sommertag bis in die sinkende Nacht dauerte, verloren hatte. Es war ein furchtbarer Schlag für uns Alle, als wir die Nachricht erhielten, daß die Kunersdorfer Schlacht vollständig ver-

5*

loren sei. So schlimm wie zu dieser Zeit hatte es
noch niemals um unser Preußenland gestanden,
und es gehörte damals wirklich ein starker Geist
und ein unerschütterlicher Glaube an Gottes Bei=
stand und unseres großen Königs Talent dazu,
um nicht alle Hoffnung für des Vaterlandes
Rettung zu verlieren. Selbst alte, erprobte Of=
siciere, die gewiß nicht mit den Augen gezuckt
hätten, wenn sie in das heftigste Batteriefeuer
hineinreiten mußten, sah ich wie die Kinder wei=
nen, als sie den Verlust der Kunersdorfer Schlacht
und das große Mißgeschick, das unser Heer ge=
troffen hatte, erfuhren. Doch nur kurze Zeit
dauerte diese allgemeine Bestürzung, und als wir
erst hörten, daß der König mit seinem geschla=
genen Heer sich in der besten Ordnung zurück=
gezogen habe, und die Feinde nicht einmal ge=
wagt, ihn zu verfolgen, weil ihre Furcht vor sei=
ner Kraft trotz seiner augenblicklichen Niederlage
dies verhinderte, da stieg auch unsere Zuversicht
wieder, und wir hofften zuletzt doch noch auf einen
glücklichen Ausgang dieses Riesenkampfes.

Es war ein Glück, daß zwischen den Russen
und den Oesterreichern stets eine sehr starke Un=
einigkeit herrschte, und die russischen Generale
weder den österreichischen, noch diese gar den

russischen gehorchen wollten. So ward ein gemeinsames Operiren stets verhindert, die beider-
seitigen Heere unterstützten sich nicht hinreichend,
und dadurch gelang es unserem König, der stets
auf das gewandteste operirte, und gleich gegen
das Ende des Feldzuges wieder feste Stellungen
einnahm, daß sich die Feinde eigentlich keiner besonderen Resultate rühmen konnten. So war dies
am Ende des Feldzuges von 1759 auch wieder
der Fall, und trotz ihrer zeitweiligen Siege
konnten sich die Feinde im Großen und Ganzen
doch keiner besonderen Vortheile rühmen, und
mußten eigentlich alles Terrain, welches sie schon
erobert hatten, schließlich doch wieder räumen.

Auch die Schweden hatten bei uns in Pommern, trotz ihrer großen Uebermacht, und obgleich
sie in dem General von Lantinghausen einen
neuen Oberbefehlshaber erhalten hatten, zuletzt
doch nicht viel ausgerichtet. Der Generalmajor
von Kleist hatte mit seinen sechstausend Mann
das gesammte schwedische Kriegsheer vollkommen
in Schach gehalten, und unsere preußischen Streifcorps waren mitunter weit in den Rücken der
Feinde eingedrungen und hatten dort reiche Beute
gemacht.

Meine Geschäfte gingen während des Winters

ren 1759 auf 1760 und auch im Frühjahr 1760
wieder ihren alten Gang. Es galt stets neue Anforderungen an die hart mitgenommene Bevölkerung zu richten, und die Lieferungen und immer
wieder Lieferungen von allen möglichen Gegenständen wollten gar kein Ende nehmen. Mit
vereinzelten Ausnahmen trafen wir Beamten, die
damit beauftragt waren, fast niemals auf Wider-
setzlichkeiten, sondern, im Gegentheil, die Leute
gaben oft ihren letzten Groschen aus der Tasche
und ihren letzten Scheffel Korn vom Boden her,
damit es den Truppen nicht am Nöthigsten fehle.
Leider ward die Erschöpfung der Bevölkerung
zuletzt nur zu groß, und ging dies noch einige
Jahre so fort, so war das so wohlhabende Pommern zuletzt fast nur von Bettlern bewohnt.

Im Jahre 1760 erhielt ich den Auftrag, mich
nach der Festung Colberg zu begeben, um für
deren Verproviantirung mit Sorge tragen zu
helfen. Ein starkes russisches Heer von 12,000
Mann unter dem General Demidoff war
abermals gegen Colberg in Anmarsch, und so
stand die Belagerung dieser wichtigen Festung
in Aussicht.

Colberg selbst war als Festung eigentlich
nicht sehr stark, und die Wälle und Gräben dazu

nicht in der allerbesten Ordnung. Es hatte aber einen trefflichen Commandanten in der Person des alten Obersten von Heyden, welcher ein Officier von allergrößter Tapferkeit war, und sich in dieser schweren Zeit der Belagerung so recht an seinem Platze zeigte.

„So lange mir das Hemb nicht auf dem Leibe brennt, ein Stein in Colberg noch auf dem andern steht, und meine Soldaten noch ein Stücklein Kommißbrod zum Essen und eine Patrone zum Feuern in der Tasche haben, übergebe ich die mir vom Könige anvertraute Festung auch nicht," sagte der alte Heyden stets, wenn ihn die russischen Parlamentäre zur Uebergabe drängten.

Dazu war die Garnison eine tüchtige, und wenn die Soldaten auch größtentheils zu den Garnisonregimentern und zur Landmiliz gehörten, so wurden sie doch von muthigen Officieren befehligt.

Es waren in den letzten Jahren eine Menge halbinvalide Officiere, deren Kräfte nicht mehr ausreichten, um die furchtbaren Strapazen bei Tag und Nacht in den Feldregimentern ertragen zu können, zu den Garnisonsregimentern versetzt worden, und so war deren Officierscorps

jetzt ein ungleich besseres geworden, als früher,
wo es oft nicht in dem allerbesten Ruf gestan=
ben haben soll, ber Fall sein mochte.

Was aber auch sehr viel dazu beitrug, daß
die Russen trotz ihrer wiederholten Belagerungen
in biesem Kriege die Festung Colberg nicht er=
obern konnten, war das wackere Benehmen der
gesammten Bürgerschaft der Stadt. Die Col=
berger Bürger waren zwar im Allgemeinen nicht
sehr gebilbet, unb babei etwas grob im Auftre=
ten sowie auch ungehobelt in ihrem Benehmen,
aber ein tüchtiges, recht kernfestes Geschlecht unb
hauptsächlich von bem besten Patriotismus er=
füllt. Sie hielten es für ihre Ehrenpflicht, Alles,
was in ihren Kräften stanb, auch baran zu setzen,
baß keine Feinbe sich ihrer Stadt bemächtigen
konnten, unb kein Opfer bünkte ihnen für biesen
Zweck zu schwer.

So müssen auch bie alten Römer unb Spar=
taner oft gebacht unb gehanbelt haben, unb wenn
biese auch ben Colbergern vielleicht an Feinheit
ber Sitten unb blühenber Eloquenz weit über=
legen gewesen sein mögen, so waren sie boch
schwerlich von aufopfernberer Vaterlandsliebe
beseelt.

Ich freue mich jetzt noch immer barüber, baß

es mir vergönnt war, während dieser Belage=
rung in der Festung Colberg gewesen zu sein,
denn wenn auch diese Zeit schwer und reich an
Entbehrungen und Gefahren aller Art war, so
konnte man doch auch gerade aus ihr einen
Schatz der trefflichsten Erinnerungen für das
ganze Leben sammeln. Es that Einem wohl,
diese erhebenden Beispiele von echtem Bürger=
sinn eben bei der Bevölkerung einer kleinen
pommerschen Landstadt in so hervorragender
Weise zu finden.

Wie ich nach Colberg kam, fand ich meine
gute Mutter schon so altersschwach und matt,
daß sie schwerlich noch längere Zeit leben konnte.
Gar manche schwere Schicksalsprüfungen und be=
sonders das Verschwinden meines Bruders Theo=
dor, von dem wir eine directe Nachricht niemals
wieder erhalten — obgleich durch Schiffernach=
richten das freilich sehr unverbürgte Gerücht ein=
mal nach Colberg gekommen war, daß er in
Westindien lebe und es ihm gut gehen solle —,
hatten sie während ihres langen Lebens hart ge=
troffen und ihre Kraft mitgenommen. Dazu kam
die Sorge der Kriegsjahre, welche über jede Fa=
milie, und somit auch über meine Mutter, so
viel Unheil brachten. Mit ihrer Schule hatte

es in der letzten Zeit auch nicht mehr gehen
wollen, theils weil kaum ihre Kräfte dazu aus=
reichten, theils aber auch, weil die Noth unter
den Bewohnern von Colberg so groß zu werden
anfing, daß sie kein Geld mehr, und wenn dies
auch noch so wenig war, für den Schulunter=
richt ihrer Kinder verausgaben konnten. Auch
die Gaben an Lebensmitteln, welche meine Mut=
ter früher von den benachbarten Rittergütern
und den wohlhabenden Bauern des Dorfes, in
dem mein seliger Vater Prediger gewesen war,
erhalten hatte, waren in den letzten Jahren na=
türlich fast gänzlich ausgeblieben. Hatten die
Leute ja selbst nichts zu essen und wußten oft
kaum, wie sie ihre eigenen Familien nur halb=
wegs satt machen sollten. So hatte meine alte
Mutter denn in den letzten Jahren recht küm=
merlich gelebt und sich oft auf das äußerste
eingeschränkt, um nur soeben durchzukommen.
Theilte sie doch darin ein gleiches Schicksal mit
weit über der Hälfte aller Bewohner des
Landes.

Es war selbstverständlich, daß ich meine liebe
Mutter, so viel als mir dies nur irgend möglich
war, zu unterstützen suchte, allein ich hatte so
wenig, daß ich selbst beim besten Willen nicht

allzu viel davon abgeben konnte. Theils war der
Gehalt, welchen ich empfing, auch nur sehr ge=
ring, theils aber erhielt ich solchen sehr unre=
gelmäßig, und sah oft in manchen Monaten
keinen Groschen, weil die öffentlichen Kassen häu=
fig so leer waren, daß man sie hätte umstürzen
können, ohne daß nur ein Thaler herausgefallen
wäre.

So blieben wir Beamten oft drei bis vier
Monate im Rückstand mit unserem Gehalte, und
daß wir Alles, was wir eigentlich bekommen soll=
ten, auch zur bestimmten Zeit richtig empfin=
gen, geschah während des ganzen Krieges nie=
mals.

Da mein vieles Reisen im Lande hin und
her mir auch bei der größten Einschränkung
stets baares Geld kostete, so zeigte mein Beutel
leider auch nur gewöhnlich eine zu große Leere,
und wenn ich meiner Mutter ein paar Thaler
schicken wollte, so mußte ich mir solche oft müh=
sam zusammensparen und zum Abendessen nur
trockenes Kommißbrod nehmen, um sie zu bekom=
men. Doch wie gern that ich dies immer!

Ein anderes Ereigniß, das sich in der letz=
ten Zeit in unserer Familie zugetragen hatte,
machte meiner Mutter ebenfalls den schwersten

Kummer. Ich habe früher in dieser Chronik
schon niebergeschrieben, daß meine Schwester
von Jugend auf in der von Wedel'schen Familie erzogen war und sich zuletzt daselbst so
eingelebt hatte, daß sie wie ein Kind des Hauses
betrachtet wurde. Dadurch hatte sie vornehmere
Sitten angenommen, als solche für ein einfaches,
unbemitteltes Bürgermädchen sich eignen, und
wenn sie hie und da meine Mutter in immer
längeren Zwischenräumen einmal besuchte, so
soll sie sich stets ungemüthlich daselbst gefühlt
und ihr Näschen über die Aermlichkeit des müt-
terlichen Haushaltes etwas gerümpft haben.
Freilich, wie in dem Schooße einer reichen abeligen Familie konnte es in dem Häuslein einer
armen Pfarrerswittwe nicht zugehen.

Ich selbst hatte meine Schwester in so langen Jahren nicht mehr gesehen, daß ich sie
kaum mehr kannte. Nur in den letzten Jahren, seit ich als Secretarius bei der Verpfle-
gungs-Commission der pommerschen Ritterschaft
fungirte und viel in Pommern umher reiste,
hatte ich sie einigemal in der von Wedel'schen
Familie, bei der sie sich noch immer aufhielt,
besucht. Sie war ein auffallend schönes, sehr
lebendiges junges Mädchen und hatte ganz die

Manieren eines Edelfräuleins angenommen, so
daß man sie eher für die Tochter einer Grafen=
familie, als die eines armen Landpastors hätte
halten können.

Zwischen uns Beiden wollte sich in den paar
Tagen, in welchen wir uns sahen, doch kein
so recht inniges Verhältniß, wie solches eigent=
lich zwischen Familienglieder herrschen soll, ein=
stellen. Wir waren uns dazu theils doch zu
entfremdet worden, theils aber auch in allen un=
seren Sitten, Lebensgewohnheiten und Ansichten
zu verschieden. Meine Schwester war mir zu
eitel, zu vornehm, und legte viel zu großen
Werth auf Glanz, Rang und die äußeren Freu=
den dieser Welt, während ich, umgekehrt, ihr
lange nicht vornehm und gewandt, und viel zu
einfach und bürgerlich schlicht in meinem ganzen
Benehmen erscheinen mochte.

Wo eine solche Verschiedenheit, sowohl im
Auftreten, wie auch in den Ansichten des Lebens,
zwischen zwei Geschwistern herrscht, da wird sich
diese Kluft trotz aller gegenseitigen Freundlich=
keit doch nicht so leicht überbrücken lassen,
daß ein angenehmer persönlicher Verkehr statt=
finden könnte.

Nun hatte es sich während des Winters von

1759—60 ereignet, daß ein vornehmer russischer Oberst, Fürst Gagarin, aus einem der angesehensten Fürstengeschlechter Rußlands, verwundet auf dem von Wedel'schen Gute, wo meine Schwester verweilte, zurückgeblieben war. Meine Schwester hatte sich der Pflege des Fürsten, der ein sehr stattlicher und auch äußerlich liebenswürdiger Mann gewesen sein soll, besonders angenommen, und dieser war von ihrer Schönheit und ihren sonstigen Vorzügen zuletzt so hingerissen worden, daß er ihr bei seiner Abreise seine Hand anbot und sie zu seiner Gemahlin erheben wollte.

Wie ich später von der alten Frau von Wedel erfuhr, hat es dem Fürsten lange Kämpfe gekostet, bis er zu diesem Entschluß gekommen war. Er soll anfänglich gehofft haben, daß meine Schwester ihn so als Geliebte begleiten würde, und hat dieser eine Summe von 100,000 Rubel gerichtlich verschreiben wollen, wenn sie dies gethan hätte. Glücklicher Weise hat meine Schwester doch noch zu viel Ehre und Stolz besessen, um nicht solchen verächtlichen Antrag mit großer Entrüstung zurückzuweisen, und so ist dem Fürsten, der, wie man zu sagen pflegt, bis über die Ohren in ihre Schönheit und Liebenswürdigkeit verliebt gewesen sein soll, zuletzt nichts Anderes übrig geblieben, als ihr den Rang seiner wirklichen Gemahlin anzubieten.

So etwas ist nun ganz nach dem Geschmack meiner Schwester gewesen, die sich in ihrem hochfahrenden Sinn den Rang einer vornehmen und reichen Fürstin schon lange gewünscht haben mochte.

Als sie diese Nachricht meiner Mutter mittheilte, beschwor diese sie in einem langen, eindringlichen Briefe, wie solchen nur die innigste Mutterliebe schreiben kann, von einer so unpassenden Verbindung zurückzutreten. Sie schilderte ihr, daß eine Ehe zwischen zwei Personen, die an Rang und Stand so verschieden wären, wie ein russischer Fürst und eine pommersche Pastorstochter, fast niemals eine glückliche Ehe sein werde, und nur bei gleichen Verhältnissen auch für die Dauer ein wahres eheliches Glück gehofft werden könne. Ferner machte meine Mutter meine Schwester darauf aufmerksam, daß sie ja den Charakter des augenblicklich in sie verliebten Fürsten viel zu wenig kenne, um ihm das Glück ihres ganzen Lebens anvertrauen zu können. Die Verhältnisse in Rußland sollten sehr unsicher sein, und sie habe auch mit dem Widerstand und dem Stolz der ganzen Familie des Fürsten, die sie, als eine Unebenbürtige und dazu noch Fremde, gewiß äußerst unfreundlich aufnehmen würden, harte Kämpfe zu bestehen.

Auch ich, dem diese Nachricht in Stettin mit= getheilt wurde, erschrak sehr darüber und schrieb meiner Schwester einen langen ernstlichen Brief, in dem ich ihr die Bedeutung des Schrittes, den sie jetzt thun wollte. so recht eindringlich an das Herz zu legen suchte; dabei bat ich sie auf das inständigste, doch wenigstens die Verheirathung mit dem Fürsten Gagarin noch auf ein Jahr hinausschieben zu wollen, um zu prüfen, ob des= sen Liebe wirklich echt und von Bestand, nicht blos ein flüchtiger Sinnenrausch, der bald wie= der vergehe und dann nur Unglück und Elend in seinem Gefolge habe, sei.

Alle diese Briefe waren, wie ich gleich an= fänglich nur zu sehr befürchtete, vollständig ver= geblich gewesen. Sei es, daß meine Schwester den Fürsten wirklich liebte, oder daß nur dessen Rang und Reichthum sie verlockten, sie antwor= tete mir gar nicht, erklärte meiner Mutter aber ganz kurz und etwas verletzt, daß ihr Entschluß fest stehe, und sie dem Fürsten Gagarin unter allen Umständen ihre Hand reichen werde.

So war sie denn in Begleitung der alten Frau von Webel, die, wie ich später erfuhr, diese ganze Heirath sehr begünstigt haben soll, im Mai 1760 nach Danzig gereist, und hatte dort dem Fürsten Gagarin ihre Hand als seine rechtmäßige Gemahlin gereicht. Um dies aber thun zu können, war sie vorher feierlich und öffentlich von der evangelischen Kirche zu der griechisch=katholischen übergetreten.

Es war dies ein Schritt, der meine Mutter wie auch mich natürlich auf das tiefste betrübte, doch enthalte ich mich hier in dieser Chronik ab=sichtlich jeglichen Urtheiles darüber, denn so et=was muß ein Jeder mit seinem eigenen Gewissen abmachen.

So viel weiß ich jedoch für meine Per=son, daß mich keine Macht der Erde und weder Rang noch Reichthum dazu bewegen sollten, der Religion meiner Väter abtrünnig zu werden und meinen theuern lutherischen Glauben mit einem andern zu vertauschen.

Da der Fürst Gagarin, seiner Blessur we=gen, nicht mehr im russischen Heere fortdienen konnte, so war er sogleich nach seiner Hoch=zeit mit seiner jungen Frau in das südliche

Rußland, wo er große Besitzungen hatte, ab=
gereist.

Ueber die späteren Schicksale meiner Schwester
werde ich mich in unserer Chronik noch ausführ=
licher aussprechen.

Meine alte Mutter empfand über diese an=
scheinend so glänzende und doch in Wahrheit
unglückliche Verheirathung meiner Schwester den
tiefsten Kummer, und ich bin überzeugt, daß die
dadurch hervorgerufene Gemüthsbewegung viel
dazu beigetragen hat, sie auf das Krankenlager,
von dem sie nicht wieder aufstehen sollte, zu wer=
fen. Gerade an dem Tage, als die russischen
Geschütze die erste Bombe nach Colberg warfen,
hauchte sie, in ihren Gott ergeben, ihre Seele
aus. Meine Thränen flossen reichlich auf ihrem
Grabe, und doch mußte ich unserem Schöpfer
dafür danken, daß er die arme schwache, kränk=
liche Frau in dieser Zeit der Trübsal und Noth
von unserer Erdenwelt abgerufen, und sie nicht
mehr die Schrecknisse und Drangsale der Bela=
gerung hatte erdulden lassen.

In dem Krankenstübchen meiner Mutter sah
ich ein hübsches Mädchen, die in ihrer vollen
Jugendblüthe stand und durch ihr ganzes Wesen
sogleich einen besondern Eindruck auf mich machte.

Es war das kleine blonde Kind, das mir vor
Jahren schon so gut gefallen hatte, wie ich in
einem früheren Kapitel dieser Chronik bereits
bemerkte, und das inzwischen zu einer schönen
Jungfrau herangewachsen war. Ihr Fleiß, ihr
sittsam bescheidenes Wesen und die treue Sorg=
samkeit, mit der sie meine Mutter, ihre frühere
Lehrerin, pflegte, gewann ihr bald meine Zunei=
gung im höchsten Grade. Zwar war mein Herz
über den vor drei Jahren erfolgten Tod meiner
geliebten Braut noch immer sehr betrübt; allein
ich konnte doch nicht umhin, das junge Mäd=
chen allmählich mit immer größerem Interesse an=
zusehen und mich ihr zu nähern, wenn sich nur
irgend eine Gelegenheit dazu bot. Aus diesem
Gefühle wurde dann, wie es so geht, allmählich
eine wahre und tiefe Liebe, die glücklicher Weise
und zum Heile meines ganzen ferneren Le=
bens nicht unerwiedert blieb. So schloß ich denn
mitten in den Schrecknissen der Belagerung und
umtobt von dem Donner der Kanonen die Ver=
lobung mit meiner jetzigen lieben guten Frau,
und muß diesen Tag als einen der glücklichsten
meines Lebens, der mir noch niemals Kummer,
hingegen aber Tausende wahrhaft froher Stun=
den bereitete, preisen. Des Herrn Wege sind

6*

oft wunderbar, und ich muß seine Gnade täglich
aus vollem Herzen dankend anerkennen, daß er
mir eine so herzensliebe, brave Frau, den höchsten
Schatz, den ich besitze, bescheert hat.

Und welche Schrecknisse herrschten an dem
Tage, als ich mich verlobte, gerade in Colberg!
Die Russen hatten eine Batterie, die mit den
allerschwersten Geschützen besetzt war, eröffnet
und schütteten einen wahren Hagel von Bomben
und Granaten in die Stadt, welche dem Unter=
gange geweiht zu sein schien. Zwar hatten auf
Befehl des Commandanten, Oberst von Heyden,
alle Dächer der Häuser mit Mist und Erde hoch
bedeckt werden müssen, damit die feindlichen Ge=
schosse nicht so leicht durchschlagen sollten, aber
dennoch geschah dies nur zu häufig. Da schlu=
gen denn die schweren Bomben durch die Böden
der nur leicht gebauten Häuser bis in die un=
tersten Etagen, zerschmetterten das Geräth in
den Zimmern und tödteten oder verwundeten beim
Zerspringen durch ihre weithin umherfliegenden
Stücke viele Einwohner jeden Alters und Ge=
schlechts. Die meisten Familien hatten sich in
die Keller ihrer Häuser geflüchtet und harrten
da in Angst und Schrecken der kommenden Dinge,
und wenn nicht die dringendste Pflicht es gebot,

so verließ Niemand diese Schlupfwinkel auch nur einen Augenblick.

Ich hatte damals in Colberg außer den Ob= liegenheiten an den Magazinen auch die Ver= waltung eines Lazareths über mir; so durfte ich denn freilich die Gefahr nicht scheuen und mußte mich mitten im heftigsten feindlichen Bom= bardement dahin begeben, wo die Pflicht meine Anwesenheit gebot. Der Weg durch die Stra= ßen nach dem Lazarethe hin war aber wirklich grausig. In der Luft sausten die schweren Bom= ben mit ihrem rauschenden Fluge, und wenn sie auf die Dächer schlugen oder auf die Straße fielen und platzten, so gab dies ein Getöse, daß auch der Muthigste, wenn er nicht gerade ein Kriegsmann von Handwerk war, davor erschrecken konnte; dazwischen pfiffen und zischten die Gra= naten, prasselten die Steine von den Dächern, hörte man das Schmerzensgeschrei der vielen Verwundeten, welche getroffen zusammenstürzten, oder es drang auch aus den Kellerluken das Jammern und Wehegeschrei der dort eng zusam= mengedrängt sitzenden Flüchtlinge hervor; kurz, es war ein so grausiges Concert, wie ich solches niemals gehört hatte und auch nimmer wieder in meinem Leben zu hören hoffe.

Mitten in all' diesem Grausen und Schrecken und dieser von allen Seiten drohenden Gefahr, die nur beherzte Männer sich auf die Straßen wagen ließ, sah ich zu meiner großen Verwunderung plötzlich meine jetzige Frau mit eiligen Schritten über den Marktplatz von Colberg gehen, am Arm einen großen Korb tragend. Ich eilte auf sie zu und frug mit der ängstlichsten Sorge, weshalb sie sich nicht auch in einen sichern Keller geflüchtet und jetzt dieser Gefahr so muthig ausgesetzt habe. Mit einer frommen Zuversicht antwortete sie mir aber, sie stehe überall in Gottes Hand, ohne dessen Willen ja kein Sperling vom Dache fallen dürfe, und habe diesen Gang nothwendig unternehmen müssen, um einer armen Wöchnerin, die hülflos und verlassen da liege, einige nöthige Erquickungsmittel zu bringen. Es war natürlich, daß ich mich der Jungfrau auf diesem gefährlichen Gange zum Begleiter anbot, wenn ich sie auch freilich dabei vor Bomben und Kugeln nicht schützen konnte. Dieser gemeinschaftlich nun unternommene Weg und das Theilen einer Gefahr hatte uns aber schneller näher gebracht, als es sonst vielleicht der Fall gewesen sein möchte, und auf der Hausflur des Hauses, in welchem die Wöchnerin lag, hielt ich

um ihre Hand an und umarmte sie nach em-
pfangenem Jawort als ein glücklicher Bräutigam. Ich habe meine jetzige liebe Frau später
noch oft mit unserer unter Bomben und Granaten geschlossenen Verlobung geneckt.

Die Festung Colberg wurde aber nicht blos
von einem starken russischen Heer auf der Land-
seite belagert, sondern eine zahlreiche russische
Kriegsflotte unter dem Admiral Mischakof erschien vor dem Hafen und beschoß auch von dort
aus die Stadt.

So hatten wir denn von allen Seiten Feinde
über Feinde zu bekämpfen, und es gehörte wirklich eine feste Zuversicht dazu, um nicht den
Muth zu verlieren. Aber unser alter wackere
Heyden besaß auch solche. Er hatte sich ein Lager
in einer Kasematte aufschlagen lassen, um ja
dem gefährdetsten Theile des Walles nahe zu sein,
und schlief nun alle Nächte unausgekleidet, in
seiner Uniform daselbst. Sobald irgendwie eine
Gefahr drohte, war er gewiß auf den Beinen,
und mitten in dem heftigsten Kugelregen, wenn
es so recht um ihn her krachte und donnerte, hat
man ihn oft stehen sehen, seine kleine Tabaks-
pfeife mit einem schon ganz schwarzgerauchten
Kopf im Munde, den Dampf mit gewaltigen

Zügen vor sich passend, und so ruhig seine Be=
fehle ertheilend, als ginge ihm das ganze Bom=
bardement weiter nichts an, und als wären es nur
lose Schneeballen und keine gewichtigen Bomben,
welche um ihn herum fielen. Solch' Beispiel wirkte
ermunternd auf die ganze Besatzung, und selbst
gemeine Soldaten verrichteten Thaten der Tapfer=
keit, wie solche die Spartaner unter dem Helden
Leonidas auch nicht ruhmvoller gezeigt haben
können.

Unter den Bürgern zeichnete sich besonders
auch der alte Bürgerworthalter und Braumei=
ster Nettelbeck, dessen Sohn Joachim ich früher
als Schüler Privatunterricht gegeben hatte, durch
seinen Patriotismus aus. Er war so ein wür=
diger Bürger von altem Schrot und Korn, und
stets unermüdlich mit Rath und That bei der
Hand, wenn es galt, das Wohl seiner Vaterstadt
zu fördern und Unheil von ihr abzuwenden.
Solche Männer gereichen stets jedem Stande zur
Zierde, und ich habe mich immer sehr gefreut,
wenn ich ihnen auf meinem Lebenswege begegnete
und ihnen recht herzlich die Hand drücken konnte,
mochte diese von der Arbeit auch noch so gehärtet
sein. Auch über meinen früheren Zögling, den
Joachim Nettelbeck, den Sohn des alten Brauers,

den ich jetzt in Colberg wiederfand, freute ich
mich sehr. Er war ein Seemann geworden, wie
dies ja stets seine Neigung gewesen, und ein so
hübscher, stattlicher, kräftiger Matrose, wie nur
je einer auf einem preußischen Schiffe geschwom=
men hat. Zufällig war er gerade in Königsberg
gewesen, als er gehört, daß Colberg abermals
von den Russen besetzt werden solle, und hatte
sich, von Liebe zu seiner Vaterstadt geleitet, nun
eiligst dahin begeben, um dort, so viel er ver=
mochte, Dienste zu leisten. Durch Joachim Net=
telbeck's Beispiel ermuntert, hatten sich einige
dreißig bis vierzig alte und junge Seefahrer zu=
sammengethan und eine eigene Feuerlöschcom=
pagnie gebildet. Sowie nun Häuser durch die
feindlichen Bomben in Brand geschossen waren,
und leider geschah dies nur zu oft, sammelte sich
diese freiwillige Compagnie der Seeleute und
eilte nun zum Löschen dahin, unbekümmert um
alle Gefahr und um die Kugeln, die sie dabei
oft von allen Seiten umsausten und einige von
ihnen tödteten. Da die Seeleute sehr gewandt im
Klettern und dabei kaltblütig und geübt sind,
auf ein gemeinsames Commando zu arbeiten,
so gelang es ihnen gewöhnlich, diese Feuersbrunst

im Entstehen wieder zu löschen und dadurch ihre Vaterstadt vor größerem Unglück zu bewahren.

Auch sonst freute ich mich häufig über das gewandte und dabei offenherzige und frische Benehmen des jungen Joachim Nettelbeck, und war stolz darauf, daß Pommern solche Söhne in seinem Bürgerstande besaß.

Am 29. August hatten die russischen Batterien zuerst ihr Feuer auf Colberg eröffnet, und am 18. September geschah die so dringend von uns gewünschte Entsetzung durch preußische Truppen. Schon wiederholt hatte sich früher das Gerücht verbreitet gehabt, daß preußische Truppen in Anmarsch seien; allein leider war dies immer nicht eingetroffen. Wir hatten uns zwar dann auf die Gallerie des Kirchthurmes begeben, um ja eine recht freie Uebersicht zu haben, und die Seeleute hatten ihre Ferngläser mitgenommen; allein so sehr wir dann auch nach allen Seiten hin schauten und schauten, unsere lieben Blauröcke wollten sich in der Ferne immer noch nicht sehen lassen. Endlich am 18. September Mittags war der junge Joachim Nettelbeck, der gewandt wie ein Eichkätzchen war und Augen wie ein Falke hatte, hoch oben bis fast an den Knopf des Thurmes, wohin kaum ein Mensch gelangen

konnte, geklettert und hatte hier mehrere Stun=
den lang, unbeweglich nach Süden sehend, geses=
sen. Gegen drei Uhr Nachmittags fing er plötzlich
an, mit einem weißen Tuche zu wehen, was das
verabredete Zeichen war, daß er wirklich preu=
ßische Truppen anrücken sehe. Es sammelte sich
nun sogleich das Volk auf dem Platze vor der
Kirche, und es entstand eine allgemeine freudige
Bewegung, obgleich Viele es anfänglich noch im=
mer nicht recht glauben wollten, daß dies preu=
ßische Truppen wären, welche Nettelbeck mit sei=
nem Handkieker aus so weiter Entfernung erkannt
hätte. Mehrere Schiffscapitäne erkletterten nun
mit ihren Ferngläsern ebenfalls den Thurm und
bestätigten bald die Nachricht von Nettelbeck.
Gegen fünf Uhr Nachmittags konnte man auch
aus der Glockenstube des Thurmes und aus
mehreren freigelegenen Giebelfenstern von Wohn=
häusern ganz deutlich starke Colonnen von un=
seren Truppen, die in Anmarsch waren, erkennen.
Sowie diese Nachricht sich allgemein verbreitet
hatte, strömte das Volk, wie von selbst dazu ge=
trieben, in die Kirche, so daß diese bald ganz ge=
drängt voll ward, und da ich von Halle her ge=
lernt hatte, ein wenig die Orgel zu spielen, so
bestieg ich das Orgelchor und ließ die Melodie

des schönen alten Liedes: „Herr Gott, Dich lo=
ben wir!" auf der Orgel durch die Kirche brausen,
und mit vollem anbächtigen Gesang stimmten
alle Anwesenden hierin ein. Dieser von selbst
entstandene Lobgesang in der Kirche war allge=
mein von so großer Wirkung, daß vielen Leuten
die Thränen in die Augen traten und sie diese
Stunde gewiß niemals wieder in ihrem Leben
vergessen haben.

Wir waren noch nicht aus der Kirche heraus,
so brang schon der Kanonendonner, mit dem die
preußischen Truppen sogleich das Gefecht mit
den Russen eröffnet hatten, in unsere Ohren.
Immer heftiger ward nun das Gefecht, und so
faßte der alte Oberst von Heyden einen Ent=
schluß, der seiner würdig war. Er sammelte an
Fünzehnhundert der Zuverlässigsten von seinen
Besatzungstruppen und unternahm damit unter
persönlicher Anführung einen kräftigen Ausfall
gegen die Russen, um somit dem preußischen Er=
satzcorps zu Hülfe zu kommen. Solche Energie
von beiden Seiten erschreckte denn die russischen
Befehlshaber so sehr, daß sie noch an demselben
Abend die ganze Belagerung aufgaben und alle
ihre Werke, mit Zurücklassung des meisten schwe=
ren Belagerungsgeschützes, welches sie so schnell

nicht hatten mit fortbringen können, räumten.
Die Infanterie schiffte sich so eilig als möglich
auf die Flotte ein, und die wenige russische Ka=
vallerie ritt schnell nordwärts ab. Hinter ihr drein
folgten aber sogleich die unermüdlichen preußi=
schen Husaren. Noch an demselben Abend wurden
die Thore von Colberg geöffnet, und ein Theil
der preußischen Truppen, die uns entsetzt hatten,
hielt seinen Einzug. Das war ein Jubeln und
ein Frohlocken auf den Straßen und in den
Häusern, wie ich solches noch niemals erlebt
hatte! Alle ängstlichen Leute, die theilweise seit
Wochen nicht mehr aus den hintersten Winkeln
ihrer Keller hervorgekommen waren, krochen jetzt
heraus auf die Straßen, um Gottes freie Luft
wieder einmal in voller Sicherheit einathmen zu
können, und wenn auch in den meisten Familien
nur noch geringe Vorräthe von Lebensmitteln
waren, so opferte Jeder an dem heutigen Abend
gewiß das Beste, was er noch an Speise und
Trank besaß, um unsere braven Befreier nach
Möglichkeit zu erquicken. Es war dazu eine
schöne, helle und milde Mondscheinnacht, und so
dauerte das muntere Treiben auf den Straßen
und das Singen und Trinken und Schmausen
fast die ganze Nacht hindurch. Meine theure Braut

am Arm, wandelte ich im frohen Gefühl der Si=
cherheit, wie wir solches schon seit längerer Zeit
nicht mehr gekannt hatten, ebenfalls durch die
belebten Straßen, und ein inniges Dankgefühl
gegen Gott den Lenker aller Heerschaaren, daß
seine Gnade uns auch diesmal wieder aus so
großer Bedrängniß gerettet hatte, beseelte unsere
Herzen.

Am andern Tage schon mit Tagesanbruch
strömte halb Colberg hinaus, um die verlassenen
Werke der Russen zu besehen. Es wurden noch
ansehnliche Vorräthe von Mehl, Grütze, Brot
und auch Salzfleisch daselbst gefunden, und solche
auf Befehl des menschenfreundlichen Oberst von
Heyden an die ärmeren Bewohner von Colberg,
die ohnehin kaum noch etwas zu leben hatten,
vertheilt. Auch einige dreißig schwere Belage=
rungsgeschütze und eine große Menge von Mu=
nition aller Art wurden in den Werken der Rus=
sen gefunden. Ferner machten unsere Truppen
noch viele gemeine russische Soldaten und auch
mehrere Officiere, die sich zuletzt Alle einen sol=
chen Rausch angetrunken hatten, daß sie in völ=
liger Betäubung in den Werken umherlagen, zu
Gefangenen.

Die preußischen Truppen, denen Colberg diese

glückliche Entsetzung zur rechten Zeit verdankte,
standen unter dem Befehl des Generalmajors
von Werner, eines anerkannt tüchtigen Generals. Erst am 6. September war derselbe von
Glogau abmarschirt, und hatte somit in zehn
Tagen einen Marsch von über vierzig Meilen zu-
rückgelegt; so groß war der Eifer gewesen, uns
zu helfen. Diese Hülfe kam aber gerade zur rechten Zeit, denn selbst bei dem größten Muthe
unseres Commandanten, des Oberst von Heyden,
und der Ausdauer der Garnison wie der Bürgerschaft hätte die Festung Colberg sich nicht mehr
lange zu halten vermocht. Es fehlte nämlich —
wie wir jetzt erst erfuhren, denn bis dahin war
mit Recht ein sehr strenges Geheimniß darüber
bewahrt worden — sehr an Munition für unser
Wallgeschütz, und es konnten durchschnittlich auf
jede Kanone nicht viel mehr als zehn Schüsse
noch gerechnet werden. Wenn aber Pulver und
Blei erst zu mangeln beginnen, so muß sich
eine Festung doch zuletzt nothgedrungen ergeben.
So verdanken wir es der Energie, mit welcher
der General von Werner seinen Eilmarsch unternahm, daß dies nicht geschah und Colberg sich
während des ganzen Krieges die unbefleckte Ehre
seiner Uneinnehmbarkeit zu behaupten wußte.

Zu Ehren des Oberst von Heyden ward eine
große goldene Denkmünze geprägt. Auf der einen
Seite dieser Denkmünze sah man die Stadt Col=
berg unter der Andromeda Bildniß am Meere
sitzen, während Perseus sie gegen ein Ungethüm,
welches mit weit geöffnetem Schlund aus den
Fluthen aufsteigen will, mit gezücktem Schwerte
vertheidigt. Darunter standen die Worte: „Res
Similis fictae" und die Jahreszahl: „Colberg
MDCCLX." Auf der andern Seite dieser gro=
ßen Denkmünze war das wohlgetroffene Brust=
bildniß des Oberst von Heyden mit der Inschrift:
„Henricus Sigismundus von der Heide, Colbergae
Defensor." Der General von Werner erhielt eine
gleiche Denkmünze: auf der einen Seite ebenfalls
mit Perseus und Andromeda, auf der andern
Seite aber mit seinem Bildniß und den Worten:
„Paulus de Werner, Colbergae Liberator."

Diese Denkmünzen, welche die Thaten ruhm=
voller Vorfahren verewigen sollen, müssen doch
ein kostbarer Schatz für jede Familie sein, welche
so glücklich ist, solche in ihrem Besitze zu haben.
Was kann den Sinn junger Leute wohl mehr
erheben und sie zu dem Bestreben anregen, nun
auch mit allen ihren Kräften danach zu ringen,
ihrer Familie die höchste Ehre zu machen, als

wenn sie derartige seltene Ehrenzeugnisse ihrer Familie sehen.

Bald nach der Befreiung von Colberg führte mich auch meine Pflicht wieder von dort, obgleich ich noch sehr gern in dieser mir stets so werthen Stadt geblieben wäre, die ja jetzt auch den theuersten Schatz, den ich auf Erden besaß, meine vielgeliebte Braut, umschloß. Allein es ging nicht, der Dienst mußte allem Andern vorgehen, und so schloß ich meine Braut noch einmal fest an das Herz und ritt Mitte October wieder fort. Wir hatten zwar einen so häufigen Briefwechsel, als nur irgend möglich war, verabredet, allein bei der damaligen Unsicherheit des Postverkehrs vergingen doch mitunter mehrere Wochen, ohne daß wir uns Nachricht geben konnten.

Ich ward jetzt dem von Werner'schen Corps beigegeben, um dessen Verpflegung zu ordnen, und marschirte nun mit demselben über Stettin nach Vorpommern, um von dort die Schweden wieder zu vertreiben, was auch bald geschehen war. Aus Vorpommern ging es dann im November in Eilmärschen wieder nach Hinterpommern zurück, wo inzwischen abermals die Russen eingedrungen waren, die unsere Husaren jedoch eben so bald wieder verjagten.

So konnte ich denn vor Ende December 1760 nicht wieder nach Stettin zurückkehren, um mein gewöhnliches Wintergeschäft, das Ordnen der Rechnungen, zu beginnen.

Ich kann gar nicht sagen, wie sehr mir dies stete Umherziehen mißbehagte, und wie dringend ich mich besonders jetzt, wo ich eine geliebte Braut mein eigen nennen durfte, nach einer eigenen trauten Häuslichkeit, und wenn diese auch noch so bescheiden wäre, sehnte.

————

Der General von Belling. Der Junker von Blücher in dem von Belling'schen Husarenregiment. Der Feldzug gegen die Schweden in Mecklenburg. Das schöne Bürgermädchen in Rostock. Der Friedensschluß mit den Russen. Meine Begleitung des von Belling'schen Corps als Kriegscommissarius. Der Feldzug von 1762 in Sachsen. Der Friedensschluß. Meine Anstellung als Lehrer am Gymnasium zu Stargard. Meine Verheirathung.

Im Frühling 1761 ward ich dem Corps des Generals von Belling zugetheilt, um hier die Verpflegung der Truppen besorgen zu helfen. Ich hatte mich allmählich in den vier Jahren nun schon so in mein neues Geschäft eingearbeitet, daß ich für einen ganz gewandten Kriegscommissär gelten konnte und der Herzog von Bevern in Stettin mir wiederholt den Antrag machte, ich solle mich jetzt in dieser Branche anstellen lassen, wo ich dann mit der Zeit eine gute Stelle

7 *

als Oberkriegscommiſſär erhalten würde. Um
keinen Preis hätte ich dies aber thun mögen,
denn meine jeßigen Geſchäfte waren mir oft ſo
unangenehm, daß ich mich gewaltſam zuſammen=
nehmen mußte, um ſie mit derjenigen Ordnung
und Pünktlichkeit, wie meine Pflicht dies gebot,
verſehen zu können. So lange freilich der Krieg
dauerte, und unſer Preußenland von Feinden be=
droht war, ſah ich ſelbſt ein, daß es für das
Allgemeine ungleich nüßlicher ſei, wenn ich mit
allem Eifer thätig war, daß unſere Soldaten
ihre gehörige Bekleidung und Nahrung erhielten,
und bei dieſen Lieferungen die Truppen nicht
ſo abſcheulich betrogen wurden, wie dies von
gewiſſenloſen Leuten noch viel zu häufig geſchah,
als daß ich mit den Gymnaſiaſten die griechiſchen
und lateiniſchen Claſſiker las; aber wenn der
goldene Friede einſt ſeine ſegensreichen Fittiche
ausbreitete, hoffte ich auch wieder in die Schul=
ſtube zurückzukehren.

Ich habe wenige hohe Officiere kennen gelernt,
für welche ich eine ſolche Verehrung hegte, als
für den Oberſten und nachherigen General von
Belling. Er war nicht nur ein muthiger Hu=
ſarengeneral, der es verſtand, mit ſeinem kleinen
Corps die weit überlegene ſchwediſche Streitmacht

so in Schach zu halten, daß sie uns eigentlich
gar keinen Schaden zufügen konnte, sondern außer=
dem auch ein wahrer Ehrenmann und dabei ge=
bildet und human im Denken und Handeln, und
diese Vorzüge konnte man leider nicht immer
allen unseren preußischen Kriegshelden nachrüh=
men. Was mir den General von Belling noch
besonders werth machte, war seine tiefe und
wahre Frömmigkeit.

Es ist eine nur zu traurige Wahrheit, daß
unser große König Friedrich, kein recht frommer
Christ war und von dem ruchlosen Franzosen
Voltaire und anderen derartigen Schurken, die
bei all' ihrem Witz und ihrer Gelehrsamkeit hin=
sichtlich ihrer Moralität recht verächtliche Sub=
jecte waren, Manches gelernt hatte, was alle gu=
ten Preußen mit vollem Rechte betrüben mußte.
Solch übles Beispiel unsers Monarchen fand
öfter hie und da traurige Nachahmung bei vie=
len Officieren der Armee. Es gab manche Her=
ren darunter, die sich nicht schämten, sogar öffent=
lich über die Lehren der christlichen Religion zu
spotten, und die in erbärmlicher Eitelkeit glaub=
ten, etwas ganz Besonderes vorzustellen, wenn sie
sich Philosophen, ja selbst Atheisten nannten.
Pfui! über solche Menschen, welche einen derar=

tigen Unglauben nur deshalb zur Schau trugen,
weil sie den falschen Wahn hegten, daß solch
Gebahren ein vornehmes sei und sie sich dadurch
über das gemeine Volk, welches sorgsam an sei=
nem Glauben festhielt und alle Vorschriften
unserer Kirche mit Strenge befolgte, erhöben.
Glücklicher Weise dachte jedoch eine beträchtliche
Zahl von Officieren aller Grade anders, und such=
ten ihren Ruhm nicht blos darin, wackere Kriegs=
männer, sondern auch wahre, strenge Christen
zu sein, was sich so gut miteinander vereinigen
ließ.

Zu diesen Ehrenmännern gehörte nun auch
der General von Belling. Er führte stets ein
neues Testament in seinem Mantelsack bei sich,
und las jeden Tag, wenn es ihm nur irgendwie
die Zeit erlaubte, ein Kapitel daraus. Niemals
setzte er sich zu Tisch, ohne laut ein kurzes Ge=
bet zu sprechen, und als sich einst ein fremder
Prinz, der in dem preußischen Heere als Major
diente, erfrechte, darüber eine spöttische Bemer=
kung zu äußern, machte ihn der alte Belling
so herunter und verwies ihm seinen Unglauben
in so scharfen Worten, daß der Prinz vor Scham
und Zorn blutroth im Gesicht wurde und den
ganzen Tag über kein Wort mehr sprach. Belling

war indeß ein Mann, der Haare auf den Zähnen
hatte, und verstand es, die wildesten Burschen
unter seinen Husaren durch sein Wort allein im
Zaume zu halten und auch einen vorlauten
Prinzen in die gehörigen Schranken zurückzu=
weisen. Was Belling überaus liebte, war, des
Abends allein in seinem Zimmer ein ganzes
Lied aus dem Gesangbuche mit lauter Stimme
zu singen. Er war nicht besonders musikalisch,
hatte schlechtes Gehör und sang oft sehr falsch
und rauh, und doch machte es auf mich stets
einen erhebenden Eindruck, wenn ich hörte, wie
der alte tapfere Reitergeneral, der oft den gan=
zen Tag unermüdlich zu Pferde gesessen und
mit seinen Husaren die verwegensten Thaten
gegen weit überlegene Feinde ausgeführt hatte,
nun am Abend mit langsamen Schritten in sei=
nem Zimmer auf und ab ging und, so laut er
nur konnte, mit seiner rauhen Commandostimme
ein ganzes Lied des Gesangbuches vortrug.

Auch der berühmte Husarengeneral, der alte
Vater Ziethen, der mehr wie einmal unser Heer
und damit auch das ganze preußische Vaterland
gerettet hat, soll, wie ich zu meiner besondern
Freude erfahren habe, ein sehr frommer Christ
gewesen sein, der stets eine Bibel in seinem Ge=

päck mit sich führte und wo möglich alle Tage
darin gelesen hat.

Bei dem von Belling'schen Husarenregiment
diente damals ein junger Junker, Namens von
Blücher, der mich besonders interessirte. Er
war ein wilder, toller Mensch, dem das Jugend=
blut feurig in den Adern floß, und dem kein
Streich verwegen und keine Lustigkeit toll genug
sein konnte, so ungezähmt war seine Kraft. Und
bei all' seinen Tollheiten, weshalb ihn der alte
von Belling, der ein besonderes Augenmerk auf
den Junker von Blücher hatte, unzähligemal
derb abkanzelte oder auch wohl in den Arrest
schickte, war doch wieder so viel Gutherzigkeit und
Natürlichkeit in ihm, daß ihn Jedermann gern
hatte und er eigentlich der Liebling des gan=
zen Regiments war. Besonders die gemeinen
Husaren der Schwadron, bei der er stand, gin=
gen für ihren Junker von Blücher durch das
Feuer, und wenn er Freiwillige aufrief, um ir=
gend ein verwegenes Reiterstücklein damit auszu=
führen, fanden sich stets zehn Mann für
einen.

Der Junker von Blücher war ein geborener
Mecklenburger und hatte früher schon bei den
schwedischen Husaren gedient. Bei einem kleinen

Vorpostengefecht war er, damals erst fünfzehn
Jahre alt, von einem alten Unterofficier unserer
Husaren gefangen genommen und zu dem da=
maligen Oberst von Belling gebracht worden.
Der hatte an dem muntern, beherzten Knaben
alsbald solches Wohlgefallen gefunden, daß er
ihm den Vorschlag machte, nach geschehener Aus=
wechslung gegen einen schwedischen Cornet von
Lagerström, der ebenfalls von uns gefangen
war, als Junker in sein Regiment einzutreten.
Der von Blücher, der als geborener Mecklenburger
weiter keine besondere Vorliebe für die Schwe=
ben besitzen konnte und auch bald einsah, daß
er bei den preußischen Husaren doch ungleich
mehr Kriegsruhm sich erwerben könne, als bei
den schwedischen, war auf diesen Vorschlag sehr
gern eingegangen und somit in das von Bel=
ling'sche Regiment eingetreten.

Wie dies bei den Junkern im Mecklenburgi=
schen zu jener Zeit gewöhnlich der Fall, so war
auch von Blücher ganz ohne Erziehung und
Bildung aufgewachsen, und konnte kaum noth=
dürftig lesen und schreiben, obgleich er sonst in=
deß einen klaren Kopf und hellen Verstand
besaß.

Der General von Belling, der sich fortwäh=

renb für ihn interessirte, wünschte bringend,
daß sich auch seine Kenntnisse vermehren sollten,
und hatte mich daher gebeten, ihm im Winter
von 1760—61, und auch später noch, wenn die
Zeit es nur einigermaßen gestattete, einigen Pri=
vatunterricht zu geben. Ich hatte dies ange=
nommen, und so ward denn der Junker von
Blücher in der deutschen Sprache, im Rechnen
und in der Geschichte wie auch Geographie mein
Schüler. Ich muß aber gestehen, daß, so gern
ich den frischen, muntern Jüngling auch sonst
leiden mochte, als Schüler jedoch gerade keine
besondere Ehre mit ihm einzulegen war. Er
lernte zwar leicht und rasch, aber hatte gar keine
Lust zum Lernen und zum Stillsitzen über den
Büchern, und wußte stets alle möglichen Vor=
wände zu finden, daß die Stunden ganz fort=
fielen und er seine Aufgaben nicht zu machen
brauchte, so daß er von meinem Unterricht
eigentlich nicht allzu viel profitirt hat. Freilich
ist eine Kriegszeit auch keine passende Zeit für
einen Husarencornet, gründliche Studien zu trei=
ben, und unter anderen, günstigeren Verhältnis=
sen hätte von Blücher sich gewiß bessere Kennt=
nisse erworben, als nun leider der Fall war.
Nun, mag dem immerhin auch so sein, als

Soldat wird er gewiß stets seinen Mann stehen und dem Regimente, bei dem er dient, sicherlich keine Schande, sondern immer nur Ehre machen, davon bin ich fest überzeugt.

Ich habe mich gefreut, daß dieser von Blücher, der jetzt ein stattlicher Rittmeister im von Belling'schen Husarenregiment geworden ist, mir fortwährend ein gütiges Andenken bewahrt und mich stets, wenn er nach Stargard kommt, auf ein Stündlein besucht, um mit mir über die alten Kriegszeiten zu plaudern und eine Flasche Rheinwein zu trinken. Gelernt hat er zwar immer noch verzweifelt wenig, aber er besitzt einen klaren Verstand und eine rasche, gewandte Zunge, und weiß in allen praktischen Dingen stets den Nagel auf den Kopf zu treffen, wie man im gewöhnlichen Leben zu sagen pflegt. Dies ist aber bei einem Kriegsmann, der nun einmal kein bloßer Büchergelehrter sein soll und will, am Ende doch die Hauptsache.

Es ist mir überhaupt stets sehr erfreulich, daß so viele Edelleute und Officiere aller Grade und Waffengattungen, mit denen ich von 1757—63 vielfach in Berührung kam, mir auch jetzt noch ein freundliches Andenken bewahrt haben, und wenn sie nach Stargard kommen, mich

in der Regel zu besuchen pflegen. Auch in
Briefwechsel stehe ich mit manchen von diesen
Herren, und besonders wenn sie einen Hofmei=
ster für ihre Söhne brauchen oder solche später
auf irgend einer Schule unterbringen wollen, so
wenden sie sich schriftlich an mich, um meinen
Rath dabei einzuholen. So viel als möglich
gebe ich dann solchen auch immer nach bester
Pflicht und Gewissen. Auch auf das Gymna=
sium in Stargard sind manche Söhne von pom=
merschen Rittergutsbesitzern und von Officieren
meiner Bekanntschaft durch mich gekommen, und
ich bemühe mich, das Vertrauen der Eltern,
welche sie dahin gesandt hatten, auch möglichst
zu rechtfertigen und mich dieser jungen Men=
schen, so viel ich kann, anzunehmen.

Mit dem Corps des Generals von Belling
befand ich mich vielfach in dem Herzogthum
Mecklenburg=Schwerin. Der damalige Herzog
von Mecklenburg=Schwerin war verblendet genug
gewesen, sich den Feinden Preußens anzu=
schließen, obgleich er sich doch bei nur einiger
klarer Einsicht hätte selbst sagen müssen, daß er
dann verloren und der Macht unseres Königs
widerstandslos auf Gnade und Ungnade über=
liefert sei.

So ward denn das Herzogthum Mecklenburg=
Schwerin, dessen Herzog sich nun nach Lübeck ge=
flüchtet hatte, von uns Preußen mit vollem
Rechte als ein erobertes feindliches Land betrach=
tet und mußte eben so, wie dies mit dem Chur=
fürstenthum Sachsen der Fall war, für die Thor=
heit seines Fürsten hart büßen. Wir Preußen
schrieben fortwährend Lieferungen über Lieferun=
gen aller Art daselbst aus, und die Kriegscon=
tributionen, welche die Mecklenburger in diesen
Jahren zahlen mußten, wollten gar kein Ende
nehmen. Es mochte dies für die Betreffenden
wohl hart sein; allein es half nichts, unser
König brauchte Geld und immer wieder Geld,
um allen seinen Feinden in ganz Europa durch
volle sieben Jahre hindurch den kräftigsten Wi=
berstand leisten zu können, und mußte daher sol=
ches zu nehmen suchen, wo er es nur irgendwie
bekommen konnte.

Da mußten denn freilich die wohlhäbigen
mecklenburgischen Rittergutsbesitzer, denen ohne=
ihn fast das ganze Land zugehörte, ihre Geld=
beutel aufmachen und ein Tausend Thaler Kriegs=
contribution nach dem andern zahlen.

Ich hatte häufig das gerade nicht sehr er=
freuliche Geschäft, diese Summen in Empfang

zu nehmen und darüber zu quittiren. Dabei be=
kam ich denn freilich zornige Gesichter genug zu
sehen und wünschte mir oft die Ohren mit
Baumwolle verstopfen zu können, um nur alle
die vielen Klagen nicht mit anhören zu müs=
sen. Was konnte ich aber dabei thun, von
mir hing es ja nicht ab, diese Contributionen
und Lieferungen zu erhöhen oder zu vermindern,
sondern ich mußte nur strict ausführen, was
mir befohlen ward, und die Gelder oder die
Lebensmittel, welche ich eingetrieben hatte, auch
richtig abliefern.

Unser König Friedrich hat anfänglich das
ganze Herzogthum Mecklenburg=Schwerin für
immer mit dem Königreich Preußen vereinigen
wollen, was entschieden auch eine sehr weise
Maßregel gewesen sein würde, ließ sich aber, ich
weiß nicht aus welchem Grunde, hiervon wieder
abbringen. Da er nun das Land nicht behalten
wollte oder konnte, so suchte er wenigstens des=
sen Einkünfte möglichst für sich auszubeuten,
und es ward erzählt, daß er einst gesagt
haben soll: „Mecklenburg ist wie ein Mehlbeu=
tel, je stärker man darauf klopft, desto mehr
fällt heraus," und so ließ er es denn auch

nicht am Klopfen fehlen, damit nur ja recht
viel herausfallen solle.

Wenn nun auch die wohlhabenden ansäſſigen
Mecklenburger, die alle dieſe vielen Contributio=
nen zahlen mußten, wohl nicht ohne Grund ſehr
verdrießlich auf die Preußen zu ſprechen waren,
ſo hatten wir doch unter der thatenburſtigen Ju=
gend ſehr viele Anhänger. Es traten von dem
Adel viele junge Leute freiwillig als Junker in
die preußiſche Armee ein, um dort Officier zu
werden, und beſonders die Belling'ſchen Huſaren
und die Plettenbergiſchen Dragoner hatten manche
Officiere, die geborene Mecklenburger waren.
Aber nicht allein, daß das Land gezwungener
Weiſe viele Rekruten ſtellen mußte, es ließen ſich
auch eine Menge kräftiger junger Bauerburſchen
freiwillig bei den Huſaren oder dem von Horbt=
ſchen Freibataillon anwerben, wo man ſie als
ſehr kräftige und muthige Soldaten gern nahm.
So dienten in dem von Belling'ſchen Huſaren=
regiment gewiß einige Hundert freiwillige Mecklen=
burger. Der Grund, warum ſo viele Bauer=
burſchen ſich bei uns anwerben ließen, war der,
daß in Mecklenburg das geſammte Landvolk ſich
noch in der Leibeigenſchaft befindet und ganz von
der Willkür des Gutsbeſitzers abhängig iſt. Lie=

ßen sich nun diese Burschen als preußische Sol=
daten anwerben, so wurden sie dadurch von die=
ser Leibeigenschaft mit einem Male befreit und
konnten nach abgedienter Capitulation, die sie ge=
wöhnlich nur auf fünf Jahre abschlossen, frank
und frei sich aufhalten, wo sie wollten.

So entsinne ich mich noch, daß ich einst in
Begleitung eines Cornets von den Belling'schen
Husaren, der von gewöhnlicher Herkunft war
und sich mühsam vom Gemeinen heraufgedient
hatte, wie dies bei den Husaren nicht selten ge=
schah, auf dem prächtigen Schlosse eines vor=
nehmen Grafen, nicht weit von dem mecklenbur=
gischen Städtchen Malchin, einquartirt war. Die=
ser Graf, der überaus hochmüthig und adelsstolz
war, hatte uns Beide schon sehr abgeschmackt behan=
delt und nicht mit an seinem prächtigen Tische
sitzen, sondern für uns allein decken lassen, was uns
sehr verdroß, obgleich wir freilich uns darüber
nicht weiter beschweren konnten. Nun sollte die=
ser stolze Graf auch sehr hart gegen seine leib=
eigenen Leute gewesen sein und sie häufig auf
eine ungerechte Weise mit Stockschlägen haben
bestrafen lassen. Solche Strafe sollte nun auch
einige Stunden vor unserer Ankunft an seinem
Kutscher, Reitknechte und einigen Ackerknechten

vollzogen worden sein, so daß alle diese Leute
noch einen lebhaften Groll gegen ihren harten
Herrn hegten. Unter den Husaren unseres Com=
mandos befand sich auch ein geborener Berliner,
ein sehr pfiffiger Bursche, der ein recht gewandtes
Mundwerk besaß. Der hat nun diesen augen=
blicklichen Groll der gräflichen Leute dazu zu be=
nutzen gewußt, daß er sie überredete, sich frei=
willig bei den Belling'schen Husaren anwerben
zu lassen, wo sie dann freie Leute wären und
ihren vornehmen Herrn verlassen könnten. Dies
hat den Leuten gefallen, und als ich bei dem
Cornet zum Abendbrot auf der Stube saß, kamen
plötzlich ein gräflicher Kutscher, zwei Reitknechte
und fünf Pferdeknechte, lauter hübsche, kräftige
Burschen, die alle für den Husaren=Dolman so
recht wie geschaffen waren, zu ihm und sagten,
daß sie entschlossen seien, als Freiwillige bei den
Husaren einzutreten und gegen ein Handgeld
von zwei Ducaten eine fünfjährige Capitulation
anzunehmen. Gesunde Soldaten konnte unser
König gar nicht genug bekommen, denn der Ab=
gang war alljährlich nur zu groß, und so ging
der Cornet denn sogleich mit Freuden auf diesen
Antrag ein. Er gab den Leuten das Handgeld,
nahm ihnen den Handschlag ab, ließ sie Mützen

mit der preußischen Soldatencocarde aufsetzen und
trug sie als Rekruten in die Rolle ein, und so
waren diese Leute denn innerhalb einer halben
Stunde Soldaten des Königs von Preußen ge=
worden. Diese Handlung war kaum vorüber, so
kam der Graf, ohne nur vorher anzuklopfen, in
das Zimmer des Cornets gestürzt, hochroth vor
Wuth und Zorn im Gesicht, und begann ihm
in der heftigsten Weise Vorwürfe zu machen, wie
er seine Leute habe wohl anwerben können, wäh=
rend er diesen befahl, sich sogleich in den Stall
und zu ihrer Arbeit zu scheeren, wenn sie nicht
die härteste Strafe erhalten wollten. Der Herr
Graf war aber an den Unrechten gekommen. Der
Cornet befahl ihm, sofort sein Zimmer zu ver=
lassen, wenn er nicht hinausgeworfen sein wolle,
und sagte ihm, daß ein Cornet, der mit Ehren
Seiner Majestät dem König von Preußen diene,
eben so viel, ja eigentlich noch mehr als der
vornehmste mecklenburgische Graf zu bedeuten habe,
wenn dieser weiter kein Verdienst besitze, als nur
der Sohn seines Vaters zu sein. Den angewor=
benen Leuten aber habe er weiter gar nichts zu
befehlen, die wären jetzt preußische Soldaten und
keine leibeigenen Gutsleute mehr, und der Graf
solle ihnen augenblicklich ihren rückständigen Lohn

und was sie noch weiter zu fordern hätten bis auf den letzten Groschen auszahlen, oder er würde eine Execution auf seinem Gute erhalten.

Was sollte unter diesen Umständen der Graf wohl machen? Er mußte nachgeben und das Zimmer des Cornets räumen, denn dieser hätte ihn sonst hinauswerfen lassen; und so hatte er noch den Verdruß zu sehen, daß seine früheren eigenen Leute ihn jetzt verhöhnten und an dem Abend noch einen Theil ihres Handgeldes verjubelten. Solche Scenen kamen damals sehr häufig vor, denn es ließen sich viele Leute aus Mecklenburg freiwillig anwerben, und ihre Herrschaft war darüber dann stets heftig erzürnt.

Bei meiner Begleitung des Belling'schen Corps kam ich auch in die mecklenburgische Universitäts=stadt Rostock. Da meine Vorfahren eigentlich aus Rostock stammten, wie unsere Familienchronik zeigte, so hatte es ein besonderes Interesse für mich, diese Stadt einmal zu betreten. Verschie=dene Namensvettern von mir lebten daselbst, doch war ich weiter nicht mit ihnen verwandt. Hier in Rostock hatte ich auch ein eigenes Abenteuer. Der Unterofficier von der pommerschen Miliz, welcher bei mir als Schreiber fungirte, war durch einen Sturz mit dem Pferde verunglückt,

8*

so daß er auf viele Monate in ein Lazareth ge=
bracht werden mußte, und so war ich gezwun=
gen, mich nach einem andern Schreiber umzu=
sehen. Da meldete sich denn eines Nachmittags
ein hübscher junger Mensch, der zwar sehr zart
und schwächlich aussah, dessen Aeußeres mir aber
sonst gefiel, und wünschte diese Schreiberstelle
anzunehmen. Seine Handschrift, obgleich nicht
recht ausgeschrieben aussehend, war gut und zier=
lich, er schrieb ganz orthographisch und gramma=
tikalisch, verstand zu rechnen, und war auch, wie
ich zu meiner besondern Freude erfuhr, der fran=
zösischen Sprache ziemlich mächtig. Als Legiti=
mation zeigte er mir ein Papier mit einem et=
was undeutlich ausgedruckten Siegel, worin er
als der Sohn eines armen Landpastors, welcher
schon gestorben war, bezeichnet wurde. Der junge
Mann gefiel mir recht gut, eine große Auswahl
hatte ich nicht, und einen Schreiber brauchte ich
nothwendig, zumal wir am nächsten Morgen in
aller Frühe Rostock schon wieder verlassen sollten.
So engagirte ich ihn denn sogleich und gab ihm
auch den Mantel und die Mütze meines frühe=
ren Schreibers, obgleich ihm diese Sachen viel
zu weit waren, damit er in seinem Studenten=
röcklein nicht allzu sehr auffallen möge. So fuhr

er denn auf einem Bagagewagen, wo mein
Schreiber gewöhnlich seinen Platz hatte, aus den
Thoren Rostocks heraus. Ich war in den näch=
sten Tagen mit dem Fleiße und der Geschicklich=
keit dieses Schreibers ganz zufrieden, nur fiel
mir sein ängstliches, scheues Wesen, und beson=
ders eine große Blödigkeit im Verkehr mit Män=
nern auf; da ich aber viele Geschäfte hatte, so
achtete ich weiter nicht sonderlich darauf und
forschte dem Grunde dieses seltsamen Betragens
nicht nach. Es mochten nun wohl ungefähr vier=
zehn Tage vergangen sein, als ich plötzlich aus
Rostock den Brief eines wohlhabenden Kauf=
manns, bei dem ich in Quartier gelegen,
und welcher mich mit großer Gastfreundschaft,
wie man solche in Mecklenburg und Pommern
so häufig findet, aufgenommen hatte, erhielt,
dessen Inhalt mich ungemein in Erstaunen setzte.
Dieser Kaufmann schrieb mir nämlich, daß die
Tochter eines andern, ihm näher bekannten wohl=
habenden Kaufmanns, ein junges hübsches Mäd=
chen, seit einigen Wochen zur größten Bestür=
zung ihrer Eltern heimlich verschwunden sei.
Weitere Nachforschungen hätten ergeben, daß sie
mit einem jungen Cornet des Belling'schen Husa=
renregiments ein heimliches Liebesverhältniß un=

erhalten habe, und nun, um ihren Eltern zu
entkommen und mit ihrem Liebhaber häufiger
zusammen zu sein, sich als Mann verkleidet und,
wie man jetzt erfahren, bei mir als Schreiber
verdingt habe. Dieser Brief war mir höchst unangenehm, denn einerseits empörte es mich, daß
ein junges Mädchen aus anständiger Familie
so weit alle Zucht und Sitte vergessen hatte,
um in Männerkleidung in der Welt umherzu-
streichen, andererseits fürchtete ich, daß man vielleicht sogar glauben könne, ich habe solch' Unwesen begünstigt und es gewußt, daß mein Pri-
vatschreiber ein verkleidetes Mädchen aus Rostock
sei. In welchem Lichte mußte ich dann allen
verständigen und moralischen Menschen, und nun
gar meiner geliebten Braut erscheinen. Ich rief
nun sogleich meinen Schreiber auf mein Zimmer und reichte ihm schweigend den aus Rostock
erhaltenen Brief. Kaum hatte das junge Mädchen, denn ein solches war sie, den Brief gelesen,
so fing sie laut zu schluchzen an, warf sich vor
mir auf die Knice und bat mich, ihr zu verzei-
hen und sie vor Schimpf und Schande zu retten.
Ich hielt ihr nun mit ernsten Worten, wie mir
solche mein sittlich empörtes Gefühl eingab, die
Schwere ihres Vergehens und ihren sträflichen

Leichtsinn vor, und machte sie auf die erschreck=
lichen Folgen aufmerksam, die nur zu wahrschein=
lich entstehen würden, wenn sie nicht auf das
schleunigste umkehre und reumüthig ihre er=
zürnten Eltern um Verzeihung bitte. Daß der
Cornet, ein leichtsinniger junger Edelmann, wel=
cher zwar ein sehr muthiger Officier, leider aber
auch ein höchst sittenloser Mensch war, sie unter
keinen Umständen heirathen würde, ja selbst nicht
dürfe, wenn er dies auch wollte, da der König
ihm entschieden den Heirathsconsens verweigern
werde, sagte ich ihr ebenfalls. Sie würde also
allmählich zur gemeinen Soldatendirne herab=
sinken, und ein Ende voll Schande und Elend
ihr Loos sein. Meine Worte fanden glücklicher
Weise in dem Herzen der schönen Sünderin
Eingang. Sie fühlte das Sträfliche ihrer Hand=
lung und erklärte sogleich, reuevoll nach Rostock
zurückkehren und ihre Eltern um Verzeihung
bitten zu wollen, wenn ich ihr diese Rückkehr er=
möglichen könne. Eine gefallene Seele zu retten,
ist mir stets als ein köstliches Werk erschienen,
und so beschloß ich denn auch sogleich die Rück=
kehr dieses jungen Mädchens zu bewerkstelligen.
Wir lagen gerade in Neu=Brandenburg im Quar=
tier, und da in Rostock noch preußische Truppen

waren, so beschloß ich denn, meine Reuige schleu=
nigst im Geheimen dahin zurück zu senden, um
etwaige unangenehme Erörterungen mit dem Cor=
net zu vermeiden. Ich schloß sie in mein Quar=
tier ein, damit derselbe sie nicht vorher noch
sehen sollte, und ging dann zu meiner Wirthin,
einer tüchtigen, resoluten Bürgerwittwe. Diese
mußte mir gegen Geld und gute Worte einen
einfachen Frauenanzug, dann auch eine anstän=
dige Begleiterin und einen Miethwagen besorgen.
Einen militärischen Paß konnte ich mir leicht
verschaffen, und schon an demselben Abend saß
mein früherer Schreiber wieder in der Kleidung
ihres Geschlechts an der Seite einer geeigneten
Reisegefährtin und fuhr gen Rostock. Das junge
Mädchen war in Thränen aufgelöst, denn ein
allzu freundlicher Empfang mag ihrer wohl von
Seiten ihrer mit Recht sehr erzürnten Eltern
nicht geharrt haben. Der Cornet gab sich zwar
am andern Tage den Anschein, nach seiner plötz=
lich verschwundenen Geliebten zu forschen, ja hatte
sogar die Schamlosigkeit, mich zu fragen, wo
mein Schreiber denn so plötzlich geblieben sei;
ich gab ihm aber kurz die Antwort, daß ich sol=
chen ohne Weiteres nach Rostock zurückspedirt
habe, da ich ihn nicht hätte gebrauchen können,

und drehte ihm dann den Rücken. Er mußte sich
eben damit begnügen, da er nicht das mindeste
Recht hatte, sich um meinen Schreiber zu beküm=
mern. Wie ich später erfuhr, ist dies junge Mäd=
chen von ihren Eltern wieder in Gnaden aufge=
nommen worden und hat einige Jahre nachher
einen wohlhabenden Domänenpächter geheirathet,
mit dem sie in glücklicher Ehe gelebt haben soll.
So konnte ich mir denn auch, freilich nur zu
einem sehr geringen Theil, zuschreiben, ein jun=
ges Mädchen vor sittlicher Schande und bürger=
lichem Elend hienieden mit gerettet zu haben.
Der Cornet, der gewissenlose Verführer dieses
jungen Mädchens, ist übrigens 1762 in der
Schlacht bei Freiberg mit dem Säbel in der Faust
beim Anreiten auf eine österreichische Batterie
geblieben.

Wir hatten nun noch verschiedene Gefechte
mit den Schweden in Mecklenburg und Pom=
mern, und ich selbst wäre einmal fast auf ein
Haar von schwedischen Husaren gefangen genom=
men worden; sehr viel hatte der Krieg hier
oben an der Ostsee jedoch nicht mehr zu bedeu=
ten, und man sah es den Schweden an, daß sie
der Kriegführung herzlich überdrüssig waren.
Ich kehrte im Winter, wie dies gewöhnlich der

Fall war, wieder nach Stettin zurück, um meine
Papiere zu ordnen und meine Rechnungen abzu=
schließen, was stets ein sehr mühseliges und ver=
wickeltes Geschäft war. Trotz des kalten Winters
und der fast grundlosen Wege ließ ich mich je=
doch nicht abhalten, zu Weihnachten 1761 von
Stettin nach Colberg zu reiten, um meine viel=
geliebte Braut, die ich nun schon über ein Jahr
nicht mehr gesehen hatte, wieder an mein Herz
drücken zu können. Obgleich ich ja eigentlich ein
Stubengelehrter und ein Mann der Wissenschaf=
ten war, so hatte das rauhe Kriegsleben, welches
ich, wenn auch eigentlich gegen Wunsch und Nei=
gung, seit mehreren Jahren führen mußte, mich
doch schon so weit abgehärtet, daß mir ein Ritt
von einigen dreißig Meilen eine Kleinigkeit
dünkte. Und nun gar, wenn man solch ein locken=
des Ziel vor Augen hat, eine treue, liebe Braut
an sein Herz drücken zu können, wie leicht und
geringfügig erscheinen dann alle Schwierigkeiten
einer solchen Reise. Dazu war der kleine Kosaken=
hengst, den ich ritt, ein braves, unermüdliches
Pferd, welches mich schon sicher durch alle schlech=
ten Wege tragen konnte, und so erreichte ich denn
auch mein altes, liebes Colberg, das jetzt den
größten Schatz, den ich auf Erden mein nennen

konnte, in seinen treuen Mauern barg, ohne weitere Unfälle. Ich verlebte vierzehn glückliche
Tage im Hause der Eltern meiner Braut, welche
wohlhabende Bürgersleute dort waren, wenn man
in dieser schweren Kriegszeit überhaupt in Pommern, ja ganz Preußen von Wohlhabenheit sprechen konnte, und klepperte dann, freilich mit ungleich schwererem Herzen, wieder nach Stettin zu
meinen Acten und Rechnungen zurück.

Das neue Jahr sollte ganz Preußen, und
nun gar Pommern, aber eine eben so große wie
allgemeine Freude bringen, nämlich den Frieden,
den unser König endlich mit den Russen schloß.
Dadurch wurden wir hier an der Ostsee unsere
mächtigsten und gefährlichsten Feinde, die uns zu
Wasser wie zu Lande weitaus den meisten Schaden zugefügt hatten, endlich los. Unsere arme
Provinz Pommern, die so unendlich gelitten hatte,
konnte jetzt endlich daran denken, wenigstens den
Anfang zu machen, sich zu erholen, zumal auch
die Schweden nicht mehr aus dem ihnen gehö-
renden Theil von Schwedisch-Pommern heraus-
gingen und ein schwacher Cordon, der größtentheils von Landmiliz-Truppen gezogen wurde,
vollkommen gegen sie genügte. Das war nun
eine allgemeine Freude in allen Ortschaften, denn

mit vollem Rechte durften wir nun endlich hoffen, daß ein allgemeiner Friede, nach welchem das gesammte pommersche Volk sich so dringend sehnte, jetzt bald erfolgen würde.

Da unser große König jetzt hier an der Ostsee weiter nicht viel Truppen mehr gebrauchte, so konnte er die Regimenter, die bisher hier ge= fochten hatten, ebenfalls gegen die Oesterreicher und Chursachsen, diese alten, unversöhnlichen Feinde der Preußen, verwenden. War Friedrich der Große bisher von dieser ganzen Coalition nicht besiegt worden, so durfte er auch wohl mit Recht hoffen, jetzt mit dem Rest seiner Feinde bald fertig werden zu können. So erhielt denn auch der General von Belling den Befehl, mit seinem Husarenregiment, welches jetzt aus zehn starken Schwadronen bestand, und einigen an= deren leichten Truppen, die unter seinem Com= mando standen, aus Pommern und Mecklenburg fort nach Sachsen zu marschiren. Es war der besondere Wunsch des Generals von Belling, daß ich ihn als Kriegscommissar auf diesem Zuge be= gleiten solle, und da sein Vertrauen mich so sehr ehrte, und ich diesem wahrhaft verdienstvollen Kriegshelden gern möglichst gefällig sein wollte, so nahm ich diesen Posten auch an, obgleich mir

sonst das Amt selbst, wie auch das stete Umher=
ziehen im Kriegsgetümmel, im höchsten Grade
unangenehm war.

So zogen wir denn zuerst nach Sachsen, und
ich konnte Halle, Leipzig und Altenburg, Orte, an
die ich so viele Erinnerungen hatte, wiedersehen.
In Halle besuchte ich auch das Grab meiner er=
sten Braut und und richtete dort ein stilles Ge=
bet an Gott den Herrn, der mir durch ihren Tod
zwar so viel genommen, aber auch durch den Besitz
meiner jetzigen theuern Braut in seiner Gnade
so Vieles wiedergegeben hatte. Auch die Plätze
an der Saale Strand, wo ich mit der jetzt Ver=
klärten einst in froher Jugendliebe zusammen
gewandelt und so manche glückliche Stunde ver=
lebt hatte, besuchte ich jetzt mit wehmüthiger Rück=
erinnerung. Es war mir ganz eigen um das
Herz, als ich diesmal aus Halle, dieser alten,
trauten Stadt, wieder hinausritt.

In Leipzig erfreute mich das Wiedersehen
meines alten lieben Professor Gellert, dieses
Mannes, dem ich so Vieles verdankte, ganz un=
gemein, und die leider nur wenigen Stunden,
welche ich jetzt in seinem Umgange verleben
konnte, gewährten mir einen seltenen Genuß.
Die schweren Jahre, welche Gellert jetzt in Leip=

zig mitten in dem wildesten Kriegsgetümmel hatte
verleben müssen, hatten ihn gar hart körperlich
wie geistig niedergedrückt, ohne jedoch die fast
kindlich frohe Zufriedenheit seines Gemüths und
das fromme Gottvertrauen, welches er als kost=
baren Schatz in so seltener Weise besaß, ihm ge=
raubt zu haben. In vieler Hinsicht mußte Gellert
in diesem Kriege jetzt mehr als manche andere
Menschen leiden. Er war ein sehr guter, loyaler
Sachse, der mit alt angestammter Treue an sei=
nem Churfürsten von Sachsen hing, was ich im
Allgemeinen auch nur sehr loben konnte, obgleich
gerade dieser erbärmliche Churfürst August und
sein ränkevoller Minister, der Graf Brühl, der
ihn gänzlich beherrschte, es nicht verdient hatten,
daß ein so seltener Mann wie Gellert, der in
jeder Hinsicht hoch über solchen Menschen stand,
sich nur im allermindesten für sie interessirte.
So schmerzte nun Gellert das Unglück, welches
das Churfürstenthum Sachsen traf, und die noth=
gebrungene Entfernung des Churfürsten, der sich
immer noch in Warschau aufhielt, nicht wenig,
und er hat gewiß in seiner einsamen Studir=
stube manche bittere Thräne deshalb geweint. Auf
der andern Seite war er aber wieder ein viel zu
klarer Kopf und unterrichteter Mann, um die

Größe unseres Königs Friedrich nicht anzuerken=
nen und vollkommen einzusehen, wie hoch dieser
in jeder Hinsicht über einem Churfürsten von
Sachsen und allen anderen Regenten jener Zeit
stände. Er erkannte, daß unserem Könige dieser
Krieg von seinen zahlreichen Feinden jetzt ge=
waltsam aufgedrungen sei, und daß unser Preußen=
land den Kampf um das Recht, die Freiheit und
den Fortschritt gegen Verdummung und Geistes=
zwang, wie solche stets von den österreichischen
Kaisern ausgeübt wurden, jetzt führe. Er sah
ein, daß Preußen siegen müsse, wenn der Fort=
schritt in Deutschland siegen solle, und daß unser
Untergang zugleich auch der Untergang der deut=
schen Bildung und der Sieg der römischen Pfaffen=
herrschaft sein werde. So mußte der Professor
Gellert trotz all' seines sächsischen Loyalitätsge=
fühls doch zuletzt Friedrich dem Großen den
Sieg in diesem Kriege wünschen, und in gleichem
Fall befanden sich fast alle geistig aufgeklärten,
wirklich selbstständig nachdenkenden Bewohner des
Churfürstenthums Sachsens. Es muß dies oft
recht traurige Gefühle in den Herzen dieser wacke=
ren Leute erregt haben, und ich freute mich dabei
doppelt, daß mich das Schicksal als Preuße hatte
geboren werden lassen, so daß ich zugleich als

Unterthan und auch als selbstständig nachdenken=
der Mann aus vollem Herzen meinem König
den Sieg wünschen und Alles, was nur irgend=
wie in meinen geringen Kräften stand, dafür
mitwirken lassen konnte.

In seinem häuslichen Umgang war Gellert
wie immer von der größten Liebenswürdigkeit,
und in seinem Urtheile über alle Personen so
mild und nachsichtsvoll, wie dies nur ein Mann
von seiner außerordentlichen Herzensgüte sein
konnte.

Der Abschied von diesem seltenen Mann
that mir ganz unendlich wehe, denn es war
gleichsam, als sage mir eine innere Stimme,
daß ich ihn jetzt zum letzten Mal in diesem Er=
denleben sehen sollte. Als ich ihm daher, der
mir das Geleit bis zur Hausthür gegeben hatte,
noch recht herzlich die Hand drückte und mich
dann auf mein ungeduldig scharrendes Rößlein
schwang, traten mir fast die Thränen in die
Augen. Vor mir her zog aber eine Schwadron
unserer schwarzen Belling'schen Husaren, und die
Leute sangen ein so lustiges Kriegslied und mar=
schirten so unbekümmert und sorglos allen neuen
Gefahren entgegen, daß auch mich bald wieder
eine frischere Stimmung ergriff.

Der General von Belling unternahm nun mit seinen leichten Truppen einen Streifzug weit in das Fränkische hinein bis nach Bamberg und Würzburg, um alle diese kleinen Reichs= fürsten, die noch immer keinen Frieden geben wollten, obgleich ihre Contingente bei jeder Ge= legenheit von unseren Soldaten rasch und voll= ständig geschlagen wurden, verdientermaßen zu züchtigen.

Es waren blühende, von der Natur reich ge= segnete Länder, durch welche wir zogen, und ich bekam jetzt Gegenden zu sehen, wie ich in der Art sie so schön noch niemals gesehen hatte. Auch hatte der Krieg in allen diesen Landschaften noch lang nicht so arg gehaust, als in der Mark Bran= denburg, Pommern, Schlesien, Chursachsen und Mecklenburg leider schon seit Jahren der Fall gewesen war, und die Quartiere waren daher ungleich besser und die Verpflegung reichlicher, als wir dies seit längerer Zeit gewohnt waren. Auch die Kriegscontributionen waren leichter ein= zutreiben, und wenn auch die feisten Domherren und Prälaten in allen den vielen geistlichen Stiften, denen wir hier unsere unwillkommenen Besuche abstatteten, nicht wenig seufzten und mir mit ihren dicken, rothen Vollmondsgesichtern

oft verzweifelt grimmige Fraßen schnitten, so=
bald sie die langen Rollen mit Kronenthalern,
welche ich einzukaſſiren ſtrengen Befehl hatte,
aufſtapeln mußten, ſo ſah ich doch, daß ſolche
Zahlungen die Leute noch nicht arm machten
und ſie nicht ihr Letztes hinzugeben brauchten,
wie dies in unſeren armen norddeutſchen Gegen=
den, die der Krieg ſchon ſo gänzlich ausgeſogen
hatte, nur zu oft der Fall war.

Trotz aller dieſer Vorzüge möchte ich doch in
allen dieſen ſüddeutſchen Gegenden, und nun gar
in den genannten Erzbisthümern und Bisthümern,
nun und nimmermehr für immer leben. Es wehte
dort eine ganz andere, uns völlig fremde Luft,
und ich weiß nicht recht, woher es kam, ich
konnte mich dort nicht ſo heimiſch fühlen, als
dies doch in Churſachſen ſtets der Fall geweſen iſt.
Auch das ſtreng=katholiſche Weſen im Bambergi=
ſchen und Würzburgiſchen, dann die vielen kräf=
tigen Geſtalten, die ich dort überall in Mönchs=
kutten umherlaufen und ein wahres Faulenzer=
leben führen ſah, wollten mir nun ganz und
gar nicht gefallen.

Die meiſten Mönche, mit denen ich mich
ſchon der Neuheit wegen beſonders viel unter=
hielt, waren geiſtig gänzlich unwiſſende, dumme

Menschen, die ihre lateinischen Gebete mecha=
nisch herplapperten und nur ihre faulen Bäuche
pflegten. Mitunter traf ich übrigens doch ein=
zelne unterrichtete, geistig hochgebildete Männer
in diesen vielen Klöstern und Stiftern, mit denen
ich mich dann lateinisch zu unterhalten pflegte.
Da machten diese Herren denn oft verwunderte
Gesichter, daß so ein preußischer Kriegscommis=
sarius eben so geläufig wie sie lateinisch zu spre=
chen verstand, ja ihnen in der Classicität des
Ausdruckes hie und da sogar etwas überlegen
sein mochte. Wenn ich mich dann anfänglich an
ihrem Erstaunen genug ergötzt hatte, gab ich
mich bald als Philolog vom Fach zu erkennen,
der nur augenblicklich gezwungen und gegen sei=
nen Willen die Stelle eines Kriegscommissarius
bekleidete, worauf ich dann nicht wenig in ihrer
Achtung stieg.

Im Herbst marschirten wir wieder in das
sächsische Voigtland zurück, und später war ich
mit bei dem Heere, welches unter dem Befehl
des Prinzen Heinrich, des ruhmwürdigen Bru=
ders unseres großen Königs, die siegreiche Schlacht
bei Freiberg schlug. Es war dies wieder ein
glänzender Sieg, der den preußischen Truppen
großen Ruhm brachte, und die Oesterreicher wie

9*

die Reichstruppen bekamen, wie dies nun schon
oft der Fall in diesem Kriege gewesen war,
abermals ihre gehörigen Schläge.

Die Gräuel einer blutigen Schlacht sollte
ich bei dieser Gelegenheit noch einmal in
seinem vollen Umfange kennen lernen. Glück=
licher Weise war dies aber auch das letzte Mal,
und mein Auge sollte niemals wieder gezwungen
werden, solche entsetzliche Bilder des Schreckens
und Elends schauen zu müssen, wie solche ein
Schlachtfeld, besonders wenn der Kampf beendet
ist und die Tausende von Todten und, was
oft noch schrecklicher ist, Verwundeten mit zer=
schmetterten Gliedern umherliegen, in nur zu
reichem Maße zeigt.

Ich erhielt nach dieser Freiberger Schlacht
die Oberaufsicht über ein großes Lazareth, wel=
ches in der Stadt Freiberg selbst errichtet wurde,
da es an geeigneten Beamten dazu fehlte. Das
war denn freilich ein gar schwieriges, aber auch
wieder sehr schönes Amt, das zwar bei Tag und
Nacht fast unausgesetzte Anstrengungen erfor=
derte, und bei dem man schon feste Nerven besi=
tzen mußte, um bei all' den grausigen Scenen, be=
nen man täglich beizuwohnen gezwungen war, die
nöthige Ruhe und Kaltblütigkeit zu bewahren,

bei dem man aber auch sehr viel Gutes thun
konnte.

Wie vielen armen Verwundeten habe ich ihre
schweren Leiden, so weit dies nur irgendwie die
geringen Hülfsmittel, über welche ich gebieten
konnte, erlaubten, zu mildern gesucht, wie manchem Sterbenden die Augen zugedrückt!

Der Hospitalgeistliche war eine Zeit lang
erkrankt, und so habe ich oft seine Stelle nothgebrungen mit versehen müssen, wobei es mir
denn sehr zu statten kam, daß ich einige Jahre
in Halle Theologie studirt und mich nur zuletzt,
wegen meiner großen Narbe im Gesicht, dem
Studium der Philologie gewidmet hatte. Gerade jetzt hatte ich wieder so recht Gelegenheit
zu beobachten, wie ruhig und sanft alle diejenigen, welche einen festen Glauben und ein posi-
tives Christenthum besaßen und an ein ewiges
Leben glaubten, im Vergleich zu den Religions-
spöttern und Zweiflern und denen, die von den
Irrlehren eines Voltaire und Consorten ange-
steckt waren, in das bessere Jenseits eingingen.
So entsinne ich mich noch, daß ein preußischer
Major, der stets als ein scharfer Kopf voll
Witz und Geist gegolten, und den selbst
unser König oft in seine vertrauten Abendgesell-

schaften einzuladen gewürdigt hatte, der aber ein
arger Religionsspötter und ein Anhänger der
neuen französischen philosophischen oder richtiger
atheistischen Schule gewesen war, nach langen
Leiden den Tod finden mußte. Als ihm nun
der Arzt rundheraus erklärte, daß seine Rettung
unmöglich wäre, weil schon der Brand in die
Wunden getreten sei, da wurde dieser sonst so
stark erscheinende, spottlustige und geistreiche
Mann plötzlich gar angst und reumüthig. Die
Gebräuche unserer christlichen Religion, welche
er früher in frechem Uebermuth verhöhnt hatte,
erschienen ihm jetzt auf einmal ehrwürdig, und
er verlangte dringend nach einem Geistlichen,
über welche er früher nur verächtlich die Achsel
gezuckt hatte Gar angstvoll wälzte er sich auf
seinem Bette umher, blickte mit Schrecken und
Zagen auf die Ewigkeit, in die er jetzt baldigst
eingehen sollte, und suchte Trost und Erhebung
bei uns, die wir ihn kaum verlassen durften,
ohne daß er auf das dringendste wieder nach un=
serem geistlichen Zuspruch verlangte. Endlich
hatten die Tröstungen des braven Hospitalgeist=
lichen ihn doch so weit beruhigt, daß er ge=
faßter sterben konnte, und mit den letzten Wor=

ten: „Gott sei mir armen Sünder gnädig!" seine Seele aushauchte.

Ich hätte nur gewünscht, daß alle Religions=spötter und ungläubigen, sogenannten starken Geister an dem Sterbelager des preußischen Ma=jors gestanden hätten, vielleicht daß vielen von ihnen sein Ende zur Warnung gedient.

Mitte Januar 1763 legte ich mein Amt in Freiberg nieder und reiste in Geschäften nach Pommern zurück. Es fanden schon Friedensun=terhandlungen zwischen unserem Könige und der Kaiserin Maria Theresia statt, und allgemein hoffte man, daß solche zu einem glücklichen Ende führen möchten. Wie viel Tausende von inbrün=stigen Gebeten stiegen in dieser Zeit täglich zu Gott, dem Lenker aller Heerschaaren, der da herrscht über die Kaiser und Könige dieser Er=denwelt, empor, daß seine Gnade uns endlich den nun seit sieben schweren Kriegsjahren so schmerzlich entbehrten Frieden wieder spenden möge.

Es war ein ängstliches Harren und eine große Spannung, die sich in den ersten Mona=ten des Jahres 1763 der Gemüther Aller be=mächtigt hatte. Jede Nachricht, die für den Frieden sprach, ward mit lautem Jubel, ' jede

aber, die auf eine neue Eröffnung der Feindse=
ligkeiten hindeutete, mit der allgemeinsten Trauer
empfangen.

Da endlich wurde der Hubertsburger Friede,
der den Siebenjährigen Krieg beendete, geschlossen.
Ich war gerade in Stettin, als eine Staffette
an den Gouverneur spät Abends die sichere
Nachricht von diesem freudigen Ereigniß brachte.
Schon war ich zu Bett gegangen, als ein Be=
kannter von mir, der bei der Gouvernements=
behörde angestellt war, halb athemlos in mein
Zimmer gestürzt kam und mich mit den Worten:
„Es ist zu Hubertsburg der Friede geschlossen
worden; die Nachricht ist sicher, denn unser Gou=
verneur hat sie soeben erhalten!" aus dem Schlafe
weckte. Und wie diese herrlichen Worte mein
Ohr berührten, da sprang ich aus dem Bette und
fiel auf meine Kniee, und dankte in kurzem, aber
innigem Gebete meinem Gott, daß er mich diese
frohe Stunde noch hatte erleben lassen. Dann
aber warf ich mich auf das nothbürftigste in
die Kleider und eilte auf die Straße, um auch
anderen Bekannten diese freudige Botschaft mit=
zutheilen.

Mit zauberhafter Schnelligkeit hatte sich die
Nachricht von dem Hubertsburger Frieden trotz

des späten Abends in ganz Stettin verbreitet.
Vor vielen Fenstern brannten Lichter, um die
mangelnde Straßenbeleuchtung zu ersetzen. Die
Hausthüren waren geöffnet, und Männer wie
Frauen, oft in sehr komischem Anzug — denn Jedes hatte, wie es aus dem Bette gesprungen,
schnell das erste beste warme Kleidungsstück über-
geworfen, um sich gegen die rauhe Witterung
zu schützen — liefen auf der Straße hin und her,
um theils neue Nachrichten einzuziehen, oder
auch das, was sie wußten, anderen Bekannten
mitzutheilen. Es war ein höchst unfreundliches
Schlackerwetter, aber in der allgemeinen Herzens-
freude achtete Niemand darauf. Völlig unbekannte Personen riefen sich die Freudenbotschaft
des Friedensschlusses zu, Freunde fielen sich um
den Hals, frühere Feinde schüttelten sich jetzt
versöhnt die Hände, so groß war die freudige
Aufregung, die sich Aller bemächtigt hatte. In
dieser Nacht mag in Stettin nur in wenige
Augen ein ruhiger Schlaf gekommen sein; in
den Wirthshäusern und an sonstigen öffentlichen
Orten sollen sich schnell große Trinkgesellschaften
zusammengefunden haben, die beim Klange voller
Gläser diese wichtige Kunde feierten. Ich selbst
verwandte den Rest der Nacht dazu, um in einem

langen Briefe meiner geliebten Braut in Col=
berg diese Friedensbotschaft mitzutheilen und
mich über die Hoffnungen, welche sich auch spe=
ciell für uns Beide daran knüpften, auszusprechen.
Durfte ich nun doch endlich hoffen, nach wieder=
hergestelltem Frieden baldigst eine- meinen Nei=
gungen und Fähigkeiten entsprechende Anstellung
als Lehrer an einem Gymnasium in Pommern
zu erhalten, und dann mein liebes Bräutchen als
Ehegattin heimzuführen, wonach sich mein Herz
schon so lange gesehnt hatte.

Am andern Morgen wurde die Friedensbot=
schaft von dem ersten Adjutanten des Gouver=
neurs von Stettin unter dem Vorritt von zwölf
blasenden Postillonen und der Begleitung einer
jubelnden Volksmenge auf den Hauptplätzen der
Stadt laut verlesen. Es war wieder ein Tag
des Jubels und der Freude, und bei der allge=
meinen Illumination, die an dem Abend statt=
fand, war selbst das bescheidenste Häuschen der
abgelegensten Gasse durch ein Lämpchen der
Freude geschmückt.

Bei·dem allgemeinen Friedens= und Dank=
gottesdienste, der am nächsten Sonntage abge=
halten wurde, waren sämmtliche Kirchen aber so
gefüllt, daß Tausende wieder umkehren mußten,

weil sie keinen Platz mehr erhalten konnten.
Drängte es doch mit unwiderstehlicher Gewalt
die Menschen in die Gotteshäuser, um dem
Schöpfer aus vollem Herzen ihren Dank auszu=
sprechen, daß dieser furchtbar blutige Krieg jetzt
endlich seinen Schluß gefunden hatte. Und wohl
war es ein Friede, auf den ein jeder Preuße
mit vollem Rechte stolz sein durfte und Gott
dem Herrn inbrünstig danken konnte, daß ein
solcher uns zu Theil geworden war. Weit über
die Hälfte von Europa, die beiden mächtigen
großen Kaiserreiche Oesterreich und Rußland,
von denen ein jedes allein weit größer als unser
Preußenland war, dann Frankreich, bis dahin
der stolzeste Staat der Christenheit, Schweden
mit seiner mannhaften Bevölkerung, Chursachsen
mit seinen fleißigen Bewohnern, und nun noch
dazu sämmtliche kleine und große Reichsfürsten
mit allen ihren Contingenten und Contingent=
chen, sie alle, alle, mit geringen Ausnahmen,
hatten gegen Preußen unter den Waffen gestan=
den, hatten Hunderttausende von Soldaten gegen
uns gesandt und Millionen über Millionen ver=
ausgabt, um uns zu besiegen und unserem Kö=
nige die junge Königskrone wieder vom Kopfe
zu reißen, um ihn zu einem Marquis von Bran=

benburg zu erniebrigen. Wie ganz anbers war
es aber gekommen, Dank ber Gnabe Gottes, ber
Felbherrngröße unsers eblen Königs, ber Tüch=
tigkeit seiner Generale, ber Tapferkeit unseres
Heeres unb ber treuen Aufopferungsfähigkeit
bes preußischen Volkes, welches sieben schwere
Jahre nicht ermübete, immer von Neuem wieder
bie größten Opfer aller Art zu bringen unb fest,
wie es sich geziemte, bei seinem Könige auszu=
harren! Kein Dorf bes preußischen Grunb unb
Bobens war uns verloren gegangen, stolzer unb
mächtiger benn je stanb jetzt unser Preußenland
ba, unb ber Kriegsruhm ber schwarz=weißen
Fahne brang bis in bie entlegensten Welttheile.
Hatten wir Preußen baher nicht alle Ursache,
uns aus vollem Herzen bieses Hubertsburger
Friebens zu freuen unb Gott bem Herrn recht
inbrünstig bafür zu banken, baß wir ein solches
Friebens= unb Siegesfest feiern burften?!

Mit ber kraftvollsten Energie, wie sie un=
serem König in so seltener Weise eigen war,
bestrebte er sich sogleich nach geschlossenem Frie=
ben, bie schweren Wunben, an benen sein Land
blutete, auch nun möglichst zu heilen. Die Ar=
mee wurbe verringert, gegen 30,000 überflüssige
Pferbe an bie Bauern uub Gutsbesitzer, bie zu=

letzt kaum noch das nothbürftigste Zugvieh besaßen, vertheilt und auch Kriegsentschädigungen
gegeben, so weit dies die Kassen nur irgend gestatteten.

Unser König hätte nicht der Monarch sein
müssen, der er glücklicher Weise war, wenn er
nicht die Wichtigkeit guter Schulen erkannt und
solche daher auch nach besten Kräften gefördert
hätte. So erschien schon im Sommer 1763 ein
Rescript, welches befahl, daß die Gymnasien und
gelehrten Schulen in Pommern, die während
des Krieges sehr vernachlässigt und in Unord-
nung gekommen waren, schleunigst wieder re-
formirt und auf den möglichst besten Fuß gesetzt werden sollten. So durfte ich denn nun
hoffen, eine angemessene Lehrerstelle zu erhalten,
und sah mich hierin auch nicht getäuscht. Im
Mai dieses Jahres legte ich endlich meine Stelle
nieder, die mir stets sehr unangenehm gewesen
war, und trat schon zu Johannis als Hülfs-
lehrer eine Probezeit an dem Gymnasium in
Stargard an. Ich mußte mich erst wieder in
die Gelehrsamkeit hineinarbeiten und gar Manches, was ich in den langen Jahren vergessen
hatte, in meinem Gedächtnisse auffrischen. Da ich
dies mit vollem Eifer that und die regste Lust

unb Liebe für meinen neuen Beruf mitbrachte,
so gelang es mir auch bald, das Vertrauen mei=
ner Mitcollegen, sowie die Achtung und Zu=
neigung meiner Schüler zu gewinnen. Zu Weih=
nachten 1763 erhielt ich die fünfte ordentliche
Lehrerstelle an dem alten Gymnasium zu Star=
gard, und war somit endlich in den ersehnten
Hafen der Ruhe eingelaufen.

Jetzt hatte ich ein sicheres, wenn auch mä=
ßiges Einkommen, welches für die Bedürfnisse
einer einfachen Familie ausreichte, und durfte
daher daran denken, mir den häuslichen Herb
zu erbauen. So war denn schon zu Ostern
nächsten Jahres meine Hochzeit, und ich konnte
meine geliebte Braut als meine treue Ehegattin
heimführen. Eine Quelle unendlichen Glückes
entsprang für mich aus dieser Ehe, und ich muß
meinem Schöpfer alle Tage aus vollem Herzen
dafür danken, daß seine Gnade mir ein so treff=
liches Weib bescheerte. In Lust und Leid, in
Freude wie Trauer ist sie die brave Gefährtin
meines Lebens und die sorgsame Mutter meiner
sechs gesunden, kräftigen Kinder gewesen.

Das Leben eines Lehrers an dem Gymnasium
einer pommerschen Provinzialstadt fließt ziemlich
gleichförmig dahin und giebt gerade nicht allzu

reichen Stoff zur Aufzeichnung für diese Fami=
lienchronik. Sowie ich nur erst einigermaßen
zur Ruhe gekommen war, ließ ich es übrigens
mein erstes Geschäft sein, aus meinen Tage=
büchern und Erinnerungen und den Papieren, die
wir sonst noch besaßen, diese Chronik wieder
sorgsam auszuarbeiten und zusammenzustellen,
ganz in der Art, wie unsere alte Chronik war,
die damals bei dem Feuer, welches das Pfarr=
haus meines Vaters verzehrte, verloren ging.
Manche angenehme Stunde hat mir das Nieder=
schreiben dieser Chronik bereitet. Besonders
verwandte ich die Sonntagsnachmittage im Win=
ter vorzugsweise gern zu dieser Arbeit. Wenn
es dann in meinem Arbeitsstübchen recht behag=
lich warm war, meine Gattin mir, als Extrafeier
für den Sonntag, am Nachmittag ein Schälchen
Kaffee spendirt hatte, denn an den Wochentagen
konnten wir uns selbstverständlich einen solchen
Genuß nicht gestatten, meine lange Pfeife mit gel=
bem Knaster recht dampfte und, was das Beste
war, aus dem Nebenzimmer das herzliche Lachen
und die Laute des muntern Frohsinns meiner
dort spielenden Kinder zu mir drangen, wo=
bei die Mutter oft ermahnte, daß sie nicht zu
laut werden sollten, um den Vater nicht zu stö=

ren, was freilich immer nur einen äußerst kur=
zen Erfolg hatte, o, dann arbeitete es sich ganz
prächtig an dieser Chronik. Mit keinem König
hätte ich in solchen Stunden tauschen mögen, wie
ich denn überhaupt dem Schicksal sehr dankbar
bin, daß es mich nicht zu den Großen dieser
Erde machte, sondern mich in dem bescheidenen
Bürgerstande geboren werden und leben ließ und
hoffentlich auch sterben lassen wird.

Bevor ich aber nun das Wenige, das ich
von meinem Leben in Stargard der Aufzeichnung
werth halte, hier folgen lasse, will ich das Wich=
tigste von den Schicksalen meiner Geschwister,
so weit ich solche in Erfahrung brachte, dem Pa=
pier überliefern. Sie sind größtentheils so
eigenthümlich und interessant, daß es wirklich
schade wäre, sollte ihre Aufzeichnung unterlassen
werden. Hoffentlich erfreut sich noch in späteren
Zeiten manches Glied unserer Familie beim Lesen
dieser Niederschreibung der Erlebnisse meiner
Geschwister, und erkennt daraus, wie wunderbar
doch oft die Wege Gottes sind, und wie ver=
schiedenartig er die Schicksale der Menschen ge=
staltet.

Wenn ich auch über das Leben meines jüng=
sten Bruders Theodor, den wir so lange verlo=

ren geglaubt hatten und der nun plötzlich als
ein sehr angesehener Mann bei uns auftauchte,
und auch über meine Schwester, die als russische
Fürstin leider nicht das Glück gefunden hat, wel=
ches sie bei ihrer Verheirathung zu finden hoffte,
sondern gar viele Härte erdulden mußte, früher
Nachricht, als über das meines ältesten Bruders
Friedrich Wilhelm erhielt, so will ich nun seine
Lebensbeschreibung zuerst hier folgen lassen. Ge=
bührt ihm doch nach alter guter Ordnung als
Erstgeborenem hierin der Vorzug. Er hatte ein
glückliches und zufriedenes Leben, und es war ihm
gestattet, die Gaben, welche der Schöpfer ihm
an Geist und Körper verliehen hatte, auch in
dem Beruf, der sich für ihn am besten eignete,
dem eines Kriegers, der für sein Vaterland
kämpft, viele Jahre verwerthen zu können.

4.

Unerwartete Ankunft eines Paketes aus New-York, in welchem ich Nachricht über meinen ältesten Bruder Friedrich Wilhelm und dessen Lebensgeschichte empfange. Mein Bruder wird in der Schlacht bei Leuthen zum Officier bei einem Freibataillon ernannt. Seine Theilnahme an dem Siebenjährigen Kriege als Befehlshaber einer Freicompagnie. Die Schlacht bei Liegnitz. Wildes Leben bei den Freibataillonen. Der Hubertsburger Frieden. Verabschiedung meines Bruders Friedrich Wilhelm und sein Entschluß, nach Nordamerika auszuwandern.

An einer früheren Stelle dieser wahrheitsgetreuen Chronik führte ich bereits an, daß ich meinen ältesten Bruder Friedrich Wilhelm ganz plötzlich und unerwartet nach der blutigen Schlacht von Prag, als ich mich anschickte, nach Pommern auf die Güter des erschossenen Herrn Feldmarschalls Grafen Schwerin zu reisen, um dessen hinterlassene Privatpapiere dort abzuliefern, wieder antraf. Er war damals Grenadier bei einem

Garbebataillon, und ein muthiger und tüchtiger Soldat, an dem man seine Freude haben konnte. Später verlor ich ihn ganz aus den Augen und wußte nicht, ob er gestorben war oder noch lebte. Da er keinen festen Aufenthaltsort hatte, und ich auch längere Zeit viel in der Welt um= herschweifen mußte, bis des Herrn Gnade mich hieher nach Stargard führte, wo ich nun schon so manches Jahr in ruhiger Zufriedenheit lebe, so ist es leicht möglich, daß mehrere Briefe, die wir einander schrieben, verloren gegangen sind. Ist es doch bekanntlich stets ein sehr mißliches Unternehmen, wenn man einen Brief der Post anvertrauen muß, denn man weiß nie mit nur einiger Gewißheit, ob er auch richtig an= kommen wird. Eine nur halbwegs sichere Pri= vatgelegenheit ist mir deshalb stets lieber für die Besorgung meiner Correspondenz, als die Post gewesen.

So war es denn Anno Domini 1786, als ich ganz plötzlich hier in Stargard die Aufforderung erhielt, daß ich mich auf dem Gerichte zu melden habe. Ich wußte gar nicht, was das bedeuten solle, und so ging ich denn mit gespannter Er= wartung nach dem Gerichte hin. Ich ward dort anfänglich über meine Herkunft und wer meine

Eltern und Geschwister seien, zu Protokoll ver=
nommen, und Alles hatte einen ganz feierlichen
Anstrich, so daß ich wirklich nicht wußte, was
wohl endlich bei der ganzen Sache heraus=
kommen würde. Als denn nun meine Abkunft
und meine Eltern gehörig constatirt waren, da
holte der Herr Gerichtsamtmann ein starkes
Paket, das in blaues Papier verpackt und fest
verschnürt und mit sieben Siegeln versehen war,
herbei und las ein Rescript der königlichen Re=
gierung vor, daß besagtes Paket durch Vermit=
telung des königlich preußischen Consuls aus
New=York in Nordamerika nach Berlin an das
königliche Ministerium gekommen sei, um es
mir oder meinen nächsten Leibeserben nach ge=
schehener Constatirung einzuhändigen. An Ge=
richts= und Portokosten mußte ich aber sieben
Thaler einundzwanzig Groschen zahlen, und da
meine Kasse stets sehr schwach war und blieb,
wie dies bei einem Schulmann wohl gewöhnlich
der Fall zu sein pflegt, so fiel mir diese Bezah=
lung äußerst hart, und veranlaßte für lange Zeit
ein böses Deficit in meinem Haushalte. Und
doch habe ich selten eine Summe mit größerem
Vergnügen bezahlt, als diese, so groß war meine
Neugierde.

Ich lief mehr als ich ging nach Hause, um
dies so weit hergekommene Paket zu eröffnen.
Das Erste, was mir entgegenfiel, war nun
ein Brief meines längst verschollenen Bruders
Friedrich Wilhelm, aus Boston in Nordamerika
an mich oder meine Nachkommen gerichtet. Er
schrieb darin, daß er an den Folgen vieler em=
pfangener schwerer Wunden arg zu leiden habe,
und wohl nicht mehr lange am Leben bleiben
werde. Da er nun wisse, daß in unserer Familie
die gute Sitte herrsche, eine genaue Familien=
chronik zu führen, so habe er jetzt Alles, was
ihm in seinem Leben Wichtiges an Gutem wie
Bösem getroffen, kurz in ein Tagebuch zusam=
mengefaßt und sende mir solches, damit ich es
im Auszug dieser Familienchronik einverleiben
möge. Unterzeichnet war dieser Brief als Oberst
in der Armee der Vereinigten freien Staaten von
Nordamerika.

Ein anderer Brief von einer weiblichen Hand=
schrift ertheilte die Nachricht, daß mein besagter
Bruder mit Hinterlassung einer Wittwe und zwei
kleinen Mädchen kürzlich in Richmond gestorben
und auf dem dortigen Kirchhofe mit allen mili=
tärischen Ehren beigesetzt sei. Dieser Brief war
in sehr schlechtem Deutsch geschrieben und rührte

von der hinterlassenen Wittwe meines verstorbe=
nen Bruders, einer geborenen Amerikanerin,
her. Sie schrieb darin auch, daß sie sich mit
ihren Kindern auf ihr großes Besitzthum nicht
weit von Richmond in Virginien jetzt zurück=
ziehen wolle, und forderte mich auf, ihr unter
der angegebenen Adresse Nachricht zu geben, ob
ich mich noch am Leben befinde und dieses Paket
richtig empfangen habe. Ich erfüllte auch diesen
Wunsch meiner unbekannten Frau Schwägerin
getreulich, erhielt aber niemals wieder Antwort
von ihr, und weiß daher auch nichts von ihren
weiteren Schicksalen.

Das Tagebuch meines verstorbenen Bruders
Friedrich Wilhelm, welches von dem Jahre 1756,
da er als Soldat in die ruhmvolle Armee Sr.
Majestät unseres Königs von Preußen trat, anfing,
las ich mit dem größten Vergnügen und schrieb
solches fast Wort für Wort in unsere große Fa=
milienchronik ab. Wenn auch die Sprache mit=
unter etwas rauh und hart ist, und man erkennt,
daß der Schreiber mehr gewöhnt war, die Flinte
oder den Säbel, als die Feder in der Faust zu
führen, so geht doch eine recht kräftige männ=
liche Gesinnung daraus hervor, daß man nur
seine wahre und gerechte Freude daran haben

kann. Man sieht, mein Bruder Friedrich Wil=
helm war, wenn auch kein gelehrter und fein
gebildeter, doch sonst ein ganzer Kernmann, der
unserer Familie und unserem Preußenlande keine
Schande, sondern nur die vollste Ehre machte.

Und so will ich denn jetzt hier damit an=
fangen, was mein Bruder in dem fernen Nord=
amerika niedergeschrieben hat.

„Als zu uns in das Dorf Fischhausen, nicht
weit von Königsberg gelegen, wo ich damals als
königlicher Förster angestellt war, die Nachricht
kam, daß sich überall die Feinde gegen unsern
König Friedrich mit voller Macht rüsteten und
mächtige Kriegsheere gegen unser Preußenland
anrückten, da wollte es mich nicht mehr zu Hause
leiden, Tag und Nacht hatte ich keine Ruhe,
das Essen schmeckte und die Jagd erfreute nicht
mehr, so sehr ging mir der Gedanke im Kopfe
herum, daß es jetzt meine Pflicht sei, meinem
Herrn und König zu Hülfe zu kommen. Ich
war zwar schon an dreißig Jahre alt, verstand
von dem eigentlichen Soldatenstand nicht viel,
und hatte eine gute Brotstelle, die mir ein siche=
res Einkommen gab, allein ich dachte so in mei=
nem Sinn, daß auf dies Alles weiter nicht
viel ankommen dürfe, wenn mein König in Ge=

fahr ſei. Schießen konnte ich mit der Büchſe
und Flinte ſo gut als nur Einer, und ſtark war
ich, daß ich den ſtärkſten Kerl zehn Meilen in
der Runde zu Boden zu werfen im Stande
war, und dies, meinte ich, könne mir bei dem
Soldatenſtand ſchon helfen. Dazu kam, daß
meine liebe Frau Maria vor einem halben Jahr
in ihrem erſten Wochenbette geſtorben war, und
das kleine Kind ihr gleich nachfolgte, ſo daß es
mir in meinem Hauſe ſehr einſam vorkam. Zwar
wollte mein Schwiegervater, ein wohlhabender
Bürger in Pillau, daß ich ſeine älteſte Tochter,
die Stiefſchweſter meiner verſtorbenen Frau, wie=
der heirathen ſolle, allein ich hatte keine Luſt
dazu, und ſah es vielmehr als einen Fingerzeig
Gottes an, daß ich jetzt, wo es einen ſo gewal=
tigen Krieg gab, und unſer große König ſo viele
Feinde zu beſiegen hatte, los und ledig war,
und weder Weib noch Kind beſaß, die mich ab=
halten konnten, mit in den Kampf zu ziehen.

So faßte ich denn im November des
Jahres 1756 einen kurzen Entſchluß, und for=
derte meine Entlaſſung aus dem königlichen
Forſtdienſt, mit der Erklärung, daß ich als Sol=
dat in der Armee unſeres Königs Dienſte neh=
men wollte. Ich erhielt auch meine Entlaſſung,

verkaufte mein Inventar, das größtentheils mei=
nem Schwiegervater gehörte, der sich jetzt als
ein recht geiziger Halunke gegen mich benahm,
so daß ich kaum fünfzig Thaler für mich zu
eigen behielt, hing die Büchse über den Rücken
und wanderte zuerst nach Colberg, um von mei=
ner alten Mutter, die dort lebte, Abschied zu
nehmen. Seit Jahren hatte ich die gute Frau
nicht mehr gesehen und freute mich nun sehr
über dies Wiedersehen. So verlebte ich das
heilige Christfest des Jahres 1756 denn noch
recht glücklich und froh in Colberg und wanderte
dann wieder durch Schnee und Eis nach Berlin.
Ich hatte gehört, daß dort in der Nähe ein
Freibataillon angeworben wurde, und wollte
darin gern eintreten. Als ich aber in Berlin
angekommen war, da erfuhr ich, daß es mit die=
sem Freibataillon doch nicht viel heißen wolle,
und so verging mir die Lust, in solches einzu=
treten. Zufällig traf ich nun in der Stadt einen
alten Schulkameraden aus unserem Dorfe,
der als Korporal in dem Garderegimente unse=
res Königs stand. Der setzte mir denn sehr zu,
ich solle doch bei der Garde eintreten, wo es sich
viel besser als in einem Linienregimente diene,
und da ich an sechs Fuß groß war, so würde

ich dort gern angenommen werden. Nun, kurz
und gut, ich ließ mich dazu bewegen und ging
mit nach Potsdam, wo die Anwerbung für das
Garderegiment geschah. Ein großer und sehr
starker Kerl war ich ja, und so warb ich mit
Freuden angenommen und trug schon am zweiten Tage die Montirung eines Soldaten vom
ersten Bataillon des königlichen Garderegiments
zu Fuß. Im Anfang, als Rekrut, war es ein
hartes Leben, was ich führen mußte, und hätte
mein Entschluß nicht so fest gestanden, meinem
Könige als Soldat zu dienen, so wäre mir doch
wohl oft die Reue gekommen, daß ich meine
gute, freie Försterstelle in dem schönen grünen
Walde aufgegeben hatte, um hier auf dem Ka-
sernenhofe Tag für Tag acht Stunden mit dem
Gewehr in der Hand zu exerciren, trockenes
Kommißbrod zu essen und mich von groben
Korporalen anschnauzen zu lassen. Dazu preßte
die enge Uniform mir die Glieder zusammen
und die verfluchte spitze Blechmütze drückte noch
auf dem Kopfe, bis ich mich zuletzt an das Tragen derselben so gewöhnte, daß ich weiter nicht viel
mehr verspürte. Da ich übrigens meinen Abschied als ein königlicher Förster vorgezeigt
hatte, so war von dem Major, der die Rekruten-

anwerbung commandirte, der strenge Befehl ge=
geben worden, daß man mich nicht mit Stock=
schlägen tractiren oder sonst knuffen und puffen
dürfe. Das war ein Glück, denn ich glaube
wahrhaftig, daß ich es nicht ertragen haben
würde, wenn so ein Korporal mich prügeln
wollte, wie dies leider Gottes bei den anderen
Rekruten nur zu viel geschah, sondern solchen
Kerl dann mein Bajonnet durch den Leib ge=
rannt hätte. Ich wäre dafür freilich mit Fug
und Recht vor ein Kriegsgericht gestellt und mit
einer Kugel vor den Kopf bestraft worden. Dies
furchtbar viele Prügeln der gemeinen Solda=
ten, was leider in dem preußischen Heere statt=
fand, hat mir niemals gefallen wollen, wenn ich
auch gern zugeben will; daß es ganz ohne
Stockschläge nicht gut abgehen konnte. Hierin
ist es doch bei den Truppen der nordameri=
kanischen Union ungleich besser, wenn wir frei=
lich sonst auch lange nicht die Kriegserfahrung
und die Disciplin der Armee Friedrich's des
Großen besitzen.

Da ich mir viele Mühe gab, das Exercitium
gut zu begreifen, so lernte ich solches auch schnell
und war in drei Monaten so weit schon aus=
gebildet, daß ich aus Potsdam fort und zu dem

Feldbataillon, welches den Winter über in Dres=
den in Cantonnirung gestanden hatte, abgehen
konnte.

Wer war froher als ich, daß dieser lästige
Dienst in der Garnison sein Ende gefunden
hatte und das Kriegsleben begann. Im Frie=
den möchte ich nun und nimmermehr mein gan=
zes Leben ein Soldat sein, und passe auch ein=
mal für den Garnisondienst nicht sonderlich.

Hier in Dresden hatte ich nun zuerst in mei=
nem Leben das Glück, unsern König Friedrich
den Großen sehen, ja sogar mit ihm sprechen zu
dürfen.

Der König hatte die Gewohnheit, alle die
Rekruten, welche bei seinem Garderegiment und
bei der Garde du Corps neu eingestellt wurden,
persönlich zu inspiciren.

So wurden wir denn Alle auf einer schönen
Wiese, die bei Dresden lag, aufgestellt, um hier
gemustert zu werden. Mir klopfte das Herz mehr,
als dies jemals später der Fall war, selbst auch
nicht in der ersten blutigen Schlacht, der ich bei=
wohnte, als ich nun meinem großen Könige vor
die Augen treten sollte. Endlich schlugen die
Trommler der zwei Bataillone des Garderegi=
ments, auf deren Flügel wir Rekruten aufgestellt

waren, an, und der König kam im langsamen
Galopp auf einem großen Schimmelengländer an=
geritten. Nicht weit von dem ersten Bataillon
angekommen, stieg er vom Pferde, und nachdem
er die Meldung des Obersten angenommen hatte,
ging er langsam die Glieder entlang. Er be=
sah jeden einzelnen Soldaten genau und ver=
weilte häufig bei diesem oder jenem mehrere
Augenblicke, um einige freundliche Worte mit
ihm zu sprechen, so daß es fast zwei Stunden
dauerte, bis er zu uns Rekruten kam. So hatte ich
Zeit genug, meinen König und Herrn, für den ich
jetzt mit Freuden freiwillig in den Krieg ziehen
wollte, mir recht genau anzusehen. Sein An=
zug sah durchaus nicht vornehm und königlich
aus, und alle Generäle und Adjutanten, die ich
bisher gesehen hatte, waren weit besser gekleidet.
Er trug hohe Steifstiefel, die aber gar nicht blank
geputzt waren und vor Alter schon ganz röthlich
schimmerten, alte, abgeschabte Hosen von schwar=
zem Sammet, eine schon sehr verblichene und be=
schmutzt aussehende Uniform des Garderegiments,
aber ohne Stickerei, auf der aber der Stern des
Schwarzen Adlerordens blitzte, eine Schoßweste
von gelbem Kasimir, die voller Schnupftabak
war, und einen alten, schon ganz abgegriffenen

und schlampig aussehenden dreieckigen Soldaten=
hut ohne Borde; in der Hand hatte er einen
dicken Krückstock mit goldenem Griff. Sein Auge
blitzte und strahlte, wie ich es in meinem Le=
ben weder vorher noch nachher jemals gesehen
habe. Der berühmte General Washington in
Nordamerika hat auch ein sehr ausdrucksvolles
Auge, und der junge französische General La
Fayette, der mit uns focht, besitzt einen überaus
lebendigen Blick, aber mit dem Auge Friedrich's
des Großen können sich diese beiden Männer
doch nicht messen. Dieser sah doch weit könig=
licher und vornehmer aus, als jene beiden.

Als der König bei mir angekommen war,
musterte er mich scharf und that dann die ge=
wöhnliche Frage, die er an jeden Rekruten rich=
tete: „Wie heißt Er, woher ist Er gebürtig und
was war Er früher."

Als ich ihm dies, wie es uns befohlen war,
ganz kurz beantwortet hatte, sagte er: „Ein För=
ster ist Er gewesen, wie kommt es, daß Er jetzt
ein Rekrut geworden ist? Er scheint mir ja auch
schon ziemlich dreißig Jahre alt zu sein?"

Als ich darauf kurz erwiederte, daß ich mich
freiwillig habe anwerben lassen, weil ich glaubte,
daß mein König jetzt gute Soldaten gebrauchen

könne, firirte mich der König wieder scharf und frug dann den Capitän der Compagnie, zu der ich gehörte: „Ist das wahr und hat der Mann gute Papiere?"

Als dieser nun sagte, daß meine Angaben wahr und mein Abgangszeugniß als Förster ein sehr gutes sei, da sah mich der König mit einem so freundlichen Blick an, daß ich solchen in mei= nem ganzen Leben nicht wieder vergessen habe, und sprach dann: „Er ist ein braver Mann. Halte Er sich als Soldat nur gut, so soll Er bald avanciren, ich werde Seiner nie vergessen." Das waren gar prächtige Worte meines großen Königs, die mir tief in's Herz drangen.

Wir marschirten nun aus Dresden nach Böh= men hinein, und wenige Tage darauf war die bekannte große Schlacht bei Prag, in der die Preußen einen so glänzenden Sieg feierten. Ich müßte lügen, wenn ich behaupten wollte, daß mir zuerst, wie der Kanonendonner so gewaltig zu toben begann und die Kanonenkugeln uns mit dumpfem Gesause hoch über den Köpfen wegflo= gen, das Herz nicht etwas ängstlich unter der Mon= tirung geklopft hätte. Mag Einer sagen was er will, wenn er aber behauptet, daß er in die erste große Schlacht hineinmarschirt sei, ohne

etwas vom Kanonenfieber zu bekommen, so hat
er, mit Erlaubniß zu sagen, ganz niederträchtig
gelogen. Zuerst stand in der Prager Schlacht
unser Bataillon mehr in der Reserve, nachher
mußten wir aber auch vorrücken und eine öster=
reichische Batterie, die einen Hügel besetzt hatte,
erstürmen helfen. „Bursche, Ihr seid die könig=
liche Garde, weiter brauche ich Euch nichts zu
sagen!" rief der Oberstlieutenant, der unser Ba=
taillon commandirte, aus, und ein lautes Hurrah
von Allen war die Antwort hierauf. Die Tromm=
ler und Pfeifer ließen jetzt den Sturmmarsch
erschallen und dann ging's mit dem Bajonnet
drauf los, daß es nur so eine Art hatte. Zwar
fielen rechts und links die Kameraden neben mir
im Gliede, aber ich achtete nicht darauf, alle
Furcht war plötzlich bei mir wie weggeblasen,
und ich hatte gar keinen andern Gedanken mehr,
als nur ja recht schnell die österreichischen Kano=
nen erobern zu können. So kamen wir denn
auf den Hügel hinauf und mitten in die Bat=
terie hinein, ohne daß ich eigentlich recht wußte,
wie dies geschah.

Was weiter in dieser Schlacht vorfiel, davon
habe ich als gemeiner Soldat, der fest im Gliede
stand, nichts mehr gesehen, nur so viel weiß ich,

daß wir sie am Abend glänzend gewonnen hatten
und die weißröckigen „Holters", wie wir Preu=
ßen damals die Oesterreicher nannten, über Kopf
und Hals das Schlachtfeld räumten, und unsere
Husaren, hast Du nicht gesehen! dahinter her=
jagten und viele Tausende von Gefangenen ein=
brachten. Am Abend kam der König an unser
Bataillon herangeritten und sprach mit klarer
Stimme: „Ihr habt Eure Sache wieder gut ge=
macht, Garbisten, ich danke Euch," worauf wir
in ein lautes Hurrah ausbrachen.

Am andern Tage nach der Prager Schlacht
hatte ich die große Freude, ganz unerwartet mei=
nen lieben zweiten Bruder zu sehen. Der war
ein Secretarius bei dem Feldmarschall Grafen
Schwerin, der in dieser Schlacht bei Prag den
Soldatentod auf eine so schöne Weise fand. Da
mein Bruder nicht wußte, daß ich jetzt als Gar=
bist diene, und ich wieder nicht, daß er bei dem
Feldmarschall angestellt sei, so machten wir sehr
verwunderte Gesichter, als wir uns so ganz un=
erwartet hier begegneten. Leider konnten wir
nur einige Stunden bei einander bleiben, und
das war sehr schade, denn wir hatten uns ja in
langen Jahren nicht gesehen, und daher überaus
viel zu erzählen. Ich habe seitdem nicht mehr

das Glück gehabt, weder meinen zweiten Bruder,
noch irgend sonst Jemand von meiner ganzen
Familie wiederzusehen. Auch die Briefe, welche
ich an ihn schrieb, müssen verloren gegangen sein,
da ich seine genaue Adresse nicht wußte, denn
ich habe niemals wieder eine Antwort darauf er=
halten, was doch sonst geschehen sein würde. Es
geht mir hier in Nordamerika jetzt sehr gut; ich
habe mir eine neue Heimath hier gegründet, besitze
einen ehrenvollen Militärrang, ein reichliches
Auskommen, und habe dazu eine liebe, vortreff=
liche Frau und zwei prächtige Kinder, so daß
mir in dieser Hinsicht fast nichts zu wünschen
übrig bleibt. Allein daß ich so weit von meinem
Vaterlande getrennt bin und auch gar nichts mehr
von meiner Familie erfahre, schmerzt mich doch
oft ganz ungemein. Wäre ich nur nicht schon so
alt und müßte mit den Leiden meiner Wunden
kämpfen, so scheute ich gewiß nicht die Mühe,
noch einmal über den Atlantischen Ocean zu se=
geln, mein liebes, schönes Pommern zu besuchen
und mich nach meinen Geschwistern und sonstigen
Angehörigen zu erkundigen. Nun, es soll nicht
so sein, damit muß ich mich beruhigen.

Nach der Prager Schlacht, wo ich die Feuer=
taufe erhalten hatte, fühlte ich mich erst so recht

als ein ganzer Soldat und bereuete es keinen
Augenblick, daß ich den Rock meines Königs frei=
willig angezogen hatte. Wir marschirten nun
noch weiter in Böhmen umher, und bald kam
auch der 18. Juni, der Unglückstag bei Collin,
wo wir Preußen die Bataille total verloren. Es
war an dem Tage eine Hitze und ein Staub,
daß man hätte umsinken können, und wir Sol=
daten konnten uns vor Ermattung kaum noch
schleppen, als am Nachmittag die Schlacht be=
gann. Als aber erst der Kanonendonner zu brül=
len anfing, da war auch alle Ermüdung ver=
schwunden, und wir fühlten uns wieder frisch.
Unser große König wollte hier bei Collin aber
das Unmögliche erreichen und glaubte, daß er mit
seinen Preußen Sachen leisten könne, die ein
Heer nun einmal nicht zu leisten vermochte.
Sechsmal stürmten unsere Garbebataillone und
mehrere Grenadierbataillone gegen die steilen Hö=
hen, auf denen die österreichischen Batterien
standen; allein das Kartätschenfeuer, das uns
entgegensprühte, war zu verheerend, und die Steil=
heit der Höhen, die wir erklettern sollten, zu
jäh; es ging nicht, und wir mußten immer wie=
der zurück. Unser erstes Bataillon von der Garbe
verlor hier allein fast die Hälfte aller Soldaten

und Officiere, und die Compagnien waren zuletzt
so schwach, daß sie nur einem kleinen Häuflein
glichen. Auch ich selbst blutete schon aus zwei
Streifwunden, hielt mich aber doch noch fest auf
den Füßen und feuerte gegen die Oesterreicher,
daß meine alte Flinte zuletzt ganz heiß wurde.
Was half aber Alles! wir mußten zuletzt doch
zurück und den Feinden den Rücken wenden; und
das war für die Garde Friedrich's des Großen ein
verflucht schweres Ding, denn so etwas waren
wir freilich nicht gewöhnt. Als wir auf dem
Rückmarsch waren, wollten die österreichischen Dra=
goner sogar noch auf uns einhauen, allein so
weit war es mit der Garde des Königs von
Preußen doch noch nicht gekommen, daß sie feind=
liche Reiterei in ihre Glieder einlassen sollte.
„Fest geschlossen, Ihr Burschen, und dann laßt
die Kerle bis auf fünfzig Schritte ruhig heran=
kommen und gebt ihnen nun eine Salve, daß
sie von den Gäulen herunterpurzeln!" rief der
junge Capitän, der jetzt unser Bataillon com=
mandirte, weil alle anderen Officiere schon todt
oder blessirt waren. Und als die kaiserlichen Dra=
goner nun gegen uns anrasselten und wirklich
zu glauben schienen, daß sie schon in unsere
Glieder einbrechen könnten, da gaben wir ihnen

eine so ruhige Salve, daß sie auf dem Pots=
damer Exercirplatz auch nicht besser hätte ausge=
führt werden können. Das half denn auch; eine
Menge Dragoner und Pferde lagen am Boden,
und das Regiment kehrte, hast Du nicht gesehen!
um und machte, daß es wieder fortkam. So
war das erste Bataillon des Garderegiments zu
Fuß des Königs von Preußen in der Colliner
Schlacht, und noch jetzt bin ich stolz darauf, daß
ich damals als gemeiner Grenadier am rechten
Flügel der dritten Compagnie davon stand.

Nach der Schlacht bei Collin ward ich nun
zum Korporal befördert, und freute mich nicht
wenig darüber, daß ich diese erste Würde mir
durch mein eigenes Verdienst in so kurzer Zeit
erworben hatte. In Böhmen konnten wir nun
aber nicht länger bleiben, und so marschirten wir
nach Sachsen und dann nach Thüringen, wo die
Franzosen und die Reichssch....., wie wir, mit
Respect zu sagen, die Reichstruppen immer nann=
ten, sich mausig machen wollten. Herrje! was be=
kamen die Kerle aber bei Roßbach ihre gehörigen
Schläge! Unser Garderegiment kam in der Roß=
bacher Bataille gar nicht einmal mit zur Ver=
wendung, denn um Reichstruppen zu schlagen,
dazu waren wir nicht nöthig, die liefen schon

von selbst auseinander. Ist es doch vorgekom=
men, daß ein einziger preußischer Husaren=Cornet
mit fünfzig Mann Husaren so ein ganzes Ba=
taillon von diesen Schwaben oder den anderen
Truppen aus dem Reich gefangen genommen hat,
ohne daß die Kerle sich nur zu mucksen wagten.
Muß ein verflucht schlimmes Gefühl für einen
braven Soldaten sein, in einem solchen Reichs=
contingent zu dienen, und ich möchte lieber ein
preußischer Corporal, als ein Reichsgeneral sein.

Kaum hatte aber unser König Thüringen von
den Franzosen und den Reichstruppen, die so
schnell davonliefen, daß unsere Husaren sie kaum
mit ihren Pferden bei der Verfolgung wieder
einholen konnten, befreit, so lief die betrübende
Nachricht ein, daß es wieder in Schlesien sehr
schlimm aussehe. Ein starkes österreichisches Heer
war da eingefallen und sogar die wichtige Haupt=
stadt Breslau von den Feinden besetzt. Dem
mußte abgeholfen werden, und so brachen wir
denn aus Thüringen, wo es uns sehr gut ge=
fallen hatte, wieder auf und marschirten in Eil=
märschen vierzehn Tage ununterbrochen fort, bis
wir in Schlesien eintrafen und uns mit den dort
stehenden preußischen Truppen vereinigten.

Am 5. December 1757 kam es nun zu der

berühmten Schlacht bei Leuthen, dem glänzend=
sten Sieg, den sich jemals ein Heer erfochten
hat, seitdem man die Weltgeschichte kennt. Wir
waren nur an 32,000 Mann Preußen, und uns
gegenüber standen auf steilen Höhen an 80,000
Mann Oesterreicher und Sachsen, und doch hat=
ten wir am Abend die Feinde vollständig besiegt,
ihnen fast alle Geschütze abgenommen und über
die Hälfte ihrer Mannschaft getödtet, gefangen
genommen oder verwundet. Die österreichischen
Generäle sollen unser kleines Heer spottweise
„die Potsdamer Wachtparade" genannt und einer
von ihnen sich sogar zu sagen vermessen haben,
daß sie uns Alle in Wien zum Ergötzen der
dortigen Bevölkerung gefangen einführen woll=
ten. Aber das kam anders, und ein preußisches
Heer, wenn es ein König wie Friedrich der
Große commandirt, läßt sich nicht gefangen neh=
men, und wenn Hunderttausende von Feinden es
umringen sollten.

So einen furchtbar blutigen Tag, wie den
bei Leuthen, habe ich aber nie erlebt, und gegen
die Weise, wie dort gekämpft wurde, sind alle
unsere Schlachten hier in Nordamerika nur wah=
res Kinderspiel. Besonders die königliche Garde
mußte hier hart heran, that freilich Wunder an

Tapferkeit, büßte aber, wie bekannt, auch über
die Hälfte ihrer Mannschaft ein. Wir erstürm=
ten bei dem Dorfe Leuthen einen Kirchhof, der
stark mit Kanonen besetzt war und den die un=
garischen Grenadiere auf das hartnäckigste ver=
theidigten. Ein junger Capitän von Möllen=
dorf commandirte unsere Compagnie und benahm
sich als ein Held sondergleichen. Bei diesem
mörderischen Kampf in und um den mit einer
hohen Steinmauer umgebenen Kirchhof im
Dorfe Leuthen hatte ich das Glück, mich beson=
ders auszuzeichnen. Ich hegte das ungestüme
Verlangen, wo möglich eine feindliche Fahne zu
erobern, und stürmte daher, mit meinem Bajon=
net rechts und links um mich stoßend, gegen
den feindlichen Fahnenträger vor. Ein öster=
reichischer Hauptmann gab mir nun mit seinem
Säbel einen Hieb über den Kopf, daß das
Blut sogleich aus der Wunde stürzte und ich
fast geblendet wurde. Ich wollte nun mit dem
Bajonnet einen Stoß gegen ihn führen, allein
ein feindlicher Soldat schlug mir durch einen
heftigen Kolbenschlag mein Gewehr in der Mitte
entzwei, so daß ich ganz ohne Waffe war. In
dem Augenblicke ergriff mich nun aber eine hef=
tige Wuth, und es war mir gleich, ob ich auch

in Kochstücke zerhauen würde, wenn ich mich nur zuvor rächen konnte. Daß Gott mir eine besondere Stärke verliehen, und ich gehörige pommersche Knochen im Leibe hatte, wußte ich, und so lief ich denn nun ohne Weiteres auf den feindlichen Hauptmann zu, packte seine rechte Hand und entriß ihm den Säbel, worauf ich ihm dann mit der geballten Faust so heftig in das Gesicht schlug, daß er betäubt zu Boden stürzte. Nun hieb ich schnell mit dem erbeute= ten Officierssäbel den feindlichen Fahnenträger zusammen und ergriff dessen Fahne. Diese Fahne mit dem großen österreichischen Doppel= adler hoch in der Luft schwenkend, daß sie weit= hin sichtbar war, rief ich so laut ich konnte: „Hurrah! Kameraden, ich habe die feindliche Fahne, folgt mir nur nach!" und alle anderen Grenadiere unseres Bataillons stürmten nach; so ward der Kirchhof von uns erobert, und was von den ungarischen Grenadieren nicht um Par= don bat, ward zusammengehauen. Auf allen Seiten stürmten jetzt die preußischen Regimenter vor, und da es am 5. December bald dunkel wird, so riefen unsere Truppen, um sich gegen= seitig zu erkennen, stets: „Vivat Fridericus Rex

Borussorum!" wie es auf den preußischen Tha=
lern stand. Das klang gar schön.

Ich war inzwischen von dem Blutverlust mei=
nes Kopfes so geschwächt, daß ich mich kaum
noch auf den Beinen halten konnte. Ein Feld=
scheerer hatte mich mit dem schwarzseidenen Hals=
tuch, welches wir einem todten österreichischen
Officier abgenommen, verbunden, und so lag ich,
die erbeutete feindliche Fahne in der linken, den
Officierssäbel in der rechten Hand haltend, in
halbem Wundfieber an einem mächtigen Wacht=
feuer, welches die übrig gebliebenen Grenadiere
unserer Compagnie von erbeuteten österreichischen
Flintenschäften und zerbrochenen Wagen ange=
zündet hatten. Und wie ich so im halben Fieber
da lag, und viele Schmerzen fühlte, da erscholl
plötzlich der laute Gesang: „Nun danket alle
Gott" dicht neben mir an einem Wachtfeuer, wo
sich Soldaten von dem brandenburgischen Regi=
ment Fouqué gelagert hatten. Sowie die
Soldaten an den anderen Wachtfeuern diesen
Gesang hörten, stimmten sie von selbst alle mit
ein, und so sangen bald viele preußische Solda=
ten auf dem blutig erkämpften Siegesfelde das
alte schöne Lied: „Nun danket alle Gott," das
auch das Lieblingslied meines seligen Vaters

gewesen war, so daß wir Kinder es oft des Abends gesungen hatten.

Wie ich dies Lied singen hörte, war meine Mattigkeit und mein Schmerz wie verschwunden, und ich fühlte mich so gestärkt, als hätte mir der Feldscheerer die beste Medicin aus seiner Feldapotheke gegeben. Wohl über eine halbe Stunde dauerte dieser Gesang, und ich werde diese Zeit niemals vergessen, so erhebend war der Eindruck, den dies auf mich machte.

Wir waren kaum mit dem Singen fertig, so hieß es plötzlich: „Der König kommt! und alle Grenadiere sprangen schnell in die Höhe und stellten sich an dem Wachtfeuer in Reihe auf, ohne jedoch das Gewehr zur Hand zu nehmen.

Von einigen Adjutanten begleitet, kam der König nun zu uns heran und sagte mit lauter freundlicher Stimme:

„Ich danke Euch, Kinder, für das, was Ihr gethan habt. Heute war wieder ein stolzer Ehrentag für die preußische Garde, von dem man noch nach vielen Hundert Jahren sprechen wird.“

Plötzlich fiel sein Auge auf mich, der ich mit verbundenem Kopfe, die Fahne in der einen, den

Säbel in der andern Hand haltend, kerzengerade dastand.

„Was ist das?" frug der König.

„Halten Ew. Majestät zu Gnaden, ich habe Beides heute in der Bataille auf dem Kirchhofe zu Leuthen von den Oesterreichern erbeutet und mir dabei die Blessur geholt," antwortete ich.

„Und der Korporal hat sich dabei sehr aus= gezeichnet und ist der Erste gewesen, der in den Kirchhofe hineindrang," fügte unser hochherzi= ger Capitän von Möllendorf hinzu.

„Wie heißt Er? Sein Gesicht kommt mir bekannt vor, doch kann ich Ihn hier beim Feuer= schein mit Seinem verbundenen Kopfe nicht gut erkennen," sprach jetzt der König, dabei dicht an mich herantretend.

„Halten Ew. Majestät zu Gnaden, ich bin der gewesene Förster, mit dem Ew. Majestät zu Dresden im Monat April zu sprechen geruhten," sagte ich.

Als ich diese Worte gesprochen hatte, ward der König noch viel freundlicher aussehend, und sagte:

„Ja — so. Ich hätte Ihn kaum wiederer= kannt, Korporal, und ich freue mich doppelt, daß gerade Er es ist, der sich jetzt so hervorgethan

hat. Weiß Er, da Er ja schon einen Officiers-
degen in der Hand hält, so will ich Ihn denn
zur Belohnung für Seinen Patriotismus und für
Seine jetzige Courage gleich zum Lieutenant er-
nennen und Ihm auch fünfzig Ducaten zu
Seiner Officiersequipage bewilligen. — Doch
halt, da fällt mir ein, Er ist ja nicht vom Adel,
und bei meinem Garderegiment kann ich nur
Officiere aus guter adeliger Familie gebrauchen,
und so soll Er denn Lieutenant bei dem Freibataillon werden, das der Major von Wunsch
jetzt errichtet. Dazu will ich so gern Officiere haben, die Haare auf den Zähnen besitzen,
denn es dienen viele wilde Kerle in dem Freibataillon. Also abieu, Lieutenant, halte Er sich
fernerhin brav."

Damit nickte der König noch wohlwollend
mit dem Kopfe und ging dann weiter nach einigen anderen Wachtfeuern unsers Bataillons.

Wer war froher als ich. Mein König hatte
wohlwollend mit mir gesprochen und mich selbst
zum Officier ernannt, was konnte ich wohl mehr
verlangen? Zwar schmerzte es mich, daß ich
jetzt von der Garde fort sollte und zu einem wilden, ungeordneten Freibataillon, das in der
Armee nicht sonderlich geachtet wurde, gehen

mußte. Doch wußte ich, daß ich als ein bür=
gerlicher Korporal ganz unmöglich bei dem Garde=
regiment, bei dem die Officiere nur vornehme
Edelleute waren, Officier werden konnte.

In der preußischen Armee war es nicht wie
bei uns hier im nordamerikanischen Heere, wo
gar keine Geburt, kein Rang und Stand gilt,
sondern der König machte dort in der Regel nur
Edelleute zu Officieren, und wenn daher aus=
nahmsweise Bürgerliche dazu befördert wur=
den, so konnten sie nur bei der Artillerie, den
Husaren und den Freibataillonen eintreten, und
mußten sich schon ganz besonders ausgezeichnet
haben.

So ward ich denn schon nach einem Jahre
Dienstzeit Officier, was wirklich ein sehr selte=
ner Fall, und daher für mich eine um so grö=
ßere Auszeichnung war. Ich ward von den Offi=
cieren unseres ersten Bataillons des Garderegi=
ments, von denen in der Schlacht bei Leuthen
wieder ein großer Theil getödtet oder verwundet
war, jetzt zu meiner neuen Erhebung sehr herz=
lich gratulirt, ganz als Kamerad behandelt und
für den Abend an ihr Wachtfeuer mit einge=
laden.

Es war eine ganz eigenthümliche Nacht, die

wir dort zubrachten, welche mir für mein gan=
zes Leben unvergeßlich geblieben ist. Auf der
einen Seite waren wir Alle von der höchsten
Freude ergriffen über den abermaligen glänzen=
den Ruhm, den sich unsere preußische Fahne
auch jetzt wieder in dieser Schlacht bei Leuthen
erworben hatte, auf der andern Seite war aber
die Trauer über den ungeheuern Verlust so vieler
lieber Verwandten, Kameraden und Freunde, sowie
fast aller Officiere, ersichtlich. Es grenzt wirklich
an's Unglaubliche, welche Verluste das preußische
Officiercorps in diesen blutigen Schlachten
Friedrich's des Großen erlitten hat, und wie
immer und immer wieder ein neuer Ersatz ein=
treten mußte, um die weiten Lücken nun auf's
Neue einigermaßen auszufüllen.

Ich bin gewiß stolz darauf, jetzt ein Oberst
der nordamerikanischen Union zu sein und den
ganzen nordamerikanischen Unabhängigkeitskrieg
an der Seite unseres edlen Washington mit
durchgekämpft zu haben, aber in rein militäri=
scher Hinsicht schwindet doch Alles, was das nord=
amerikanische Volk dabei gethan hat, ganz ge=
waltig gegen die Thaten der Preußen im Sieben=
jährigen Kriege, zusammen, und unsere größten
Schlachten sind nur Scharmützel gegen die

Schlachten, die Friedrich der Große bei Prag, Leuthen, Zorndorf und Torgau schlug. Hier in Nordamerika hatten wir nur gegen 30—60,000 größtentheils sehr schlecht geführte Engländer und deutsche Soldtruppen zu kämpfen, während gegen das kleine Preußenland fast ganz Europa sieben lange Jahre hindurch unter Waffen stand. Unser Präsident Washington hier ist gewiß einer der besten, edeldenkendsten und patriotisch gesinntesten Männer, welche jemals die Erde trug, aber ihn als Feldherr sogar mit dem großen Preußenkönig nur im mindesten vergleichen zu wollen, ist wahrer Unsinn.

Nach der Leuthener Schlacht ließ ich meinen Hieb über den Kopf, der zwar nicht allzu tief eingedrungen war, aber doch arg schmerzte, wieder zuheilen, kaufte dann die Feldausrüstung eines gebliebenen Officiers für sechzig Ducaten und begab mich zu dem Freibataillon, zu dem ich als Lieutenant versetzt war. Zwischen dem Garderegiment, bei dem ich bisher gestanden, und diesem Freibataillon war freilich ein gewaltiger Unterschied in Allem und Jedem, das konnte ich sogleich in den ersten Tagen merken. Bei der Garde waren die Officiere nur Edelleute, welche nicht allein als Soldaten ihre vollste Pflicht und

Schuldigkeit thaten, sondern sich auch durch feine
Sitten und vornehme Lebensart auszeichneten.
Wohl möglich, daß manche dieser Herren sich auf
ihren Adel und ihre Stellung als Gardeofficiere
etwas zu viel einbilden mochten und die Nase
mitunter wohl etwas zu hoch trugen, allein sonst
waren sie in Allem ganz untadelhafte Männer,
die sich jeder Officier zum Muster nehmen konnte.
Wie ganz anders war dies aber bei nur zu vie=
len Officieren der Freibataillone. Da waren
Trunkenbolde, Spieler, Händelsucher, rohe und
unwissende Kerle aus aller Herren Ländern in
Menge vorhanden. Wenn Jemand nur ein muthi=
ger Soldat war, konnte er in moralischer Hinsicht
noch so viel zu wünschen übrig lassen, um trotz=
dem als Officier bei einem Freibataillon ange=
stellt zu werden. Es ging in dieser rohen, wüsten
Gesellschaft oft wild und bunt genug her, und
obgleich der König ein jedes Duell, so lange die
Truppen im Felde standen, bei Strafe der Cassa=
tion verboten hatte, kamen Zweikämpfe doch nur
zu häufig unter uns vor, ja, waren gar nicht
zu vermeiden. Noch wüster und wilder waren
unsere Leute. Alle Taugenichtse, Landstreicher
und Deserteure aus ganz Europa wurden bei
uns ohne Weiteres angenommen, ja zuletzt, als

der Mangel an Soldaten immer größer wurde, öffnete man die Zuchthäuser und Gefängnisse, und steckte die Gefangenen, wenn sie nur nicht allzu grobe Verbrechen begangen hatten, in die Freibataillone. Da gehörte denn freilich eine eiserne Disciplin dazu, um solche Bande nur einigermaßen in Ordnung zu halten. Wir Offi= ciere konnten kaum ohne die geladenen Pistolen in der Schärpe unter unserer Mannschaft um= hergehen oder schlafen, so wenig waren wir un= seres Lebens und Eigenthums sicher. Mindestens drei bis vier Kerle, die meutern oder mich gar angreifen wollten, habe ich eigenhändig über den Haufen gestochen oder zusammengeschossen; abge= haltene Standrechte, wo ein Delinquent am ersten besten Baume aufgeknüpft wurde, oder die Kugel vor den Kopf bekam, oder so viel Spießruthen laufen mußte, daß er zusammenstürzte, kamen fast allwöchentlich vor. Ja, es war eine tolle Zucht unter diesen Freibataillonen. Unser König, welcher den geringen moralischen Werth solcher Truppen selbst sehr gut kannte, opferte diese Freibataillone auf die schonungsloseste Weise und gebrauchte sie als Futter für Pulver. Die gefährlichsten und beschwerlichsten Unternehmun= gen, die angestrengtesten Vorpostendienste und

die schlechtesten Quartiere waren das gewöhn=
liche Loos aller dieser Bataillone.

Kaum war ich acht Tage in dem Bataillon
des Majors von Wunsch, so erhielt ich auch
schon ein Commando von achtzig Mann, um
damit in Oberschlesien an der österreichischen
Grenze umherzustreifen und den Feinden allen
möglichen Abbruch zu thun. Da unter meinen
Leuten sich viele Polen befanden, so kam es mir
sehr gut zu statten, daß ich einige Jahre früher
schon als Jäger an der polnischen Grenze ge=
dient hatte und der polnischen Sprache so mäch=
tig war, um mich darin wenigstens einigermaßen
verständlich machen zu können. Auch war mir
mein Jägerstand bei diesem kleinen Kriege fort=
während von großem Nutzen, denn es war eigent=
lich eine Art von wilder Jagd und fast ein un=
ausgesetztes Räuberleben, was wir führten. Tag
und Nacht waren wir auf den Beinen und schar=
mützelten mit den Kroaten und Panduren und
den anderen leichten Truppen der Kaiserin von
Oesterreich beständig umher, wobei es auf bei=
den Seiten an listigen und verwegenen Strei=
chen nicht fehlte und hüben wie drüben viele
Leute verloren gingen. Wir fingen feindliche
Couriere auf, erbeuteten Proviantwagen, zün=

12*

beten Magazine an; kurz, streiften oft weit in
das österreichische Gebiet hinein, um den Fein=
den Schaden zu thun. Wir bezogen keine Win=
terquartiere, und von Ruhe und Rast war bei
uns keine Rede. Da die Bauern in Oberschle=
sien Schafpelze tragen, so hatten sich meine Leute
mit solchen Pelzen versehen, die sie natürlich
nach gewohnter Weise gestohlen, dazu hohe Wasser=
stiefel über die Stiefeletten gezogen, und so ge=
gen Kälte und Unwetter geschützt, ging es in
Schnee und Frost hinein. Die dunkelsten und
unwirthlichsten Nächte waren uns stets die lieb=
sten, da wir uns dann am leichtesten an die
Feinde hinanschleichen und unsere Unternehmun=
gen am sichersten ausführen konnten. Zwar ver=
lor ich stets viele Leute, doch war dies weiter
kein großer Verlust, denn die Hälfte meiner
Kerle war doch ohnehin für den Galgen längst
reif, und frischer Ersatz fand sich immer wieder,
da die Soldaten der Freibataillone im Ganzen
ein freieres und ungebundeneres Leben führten
und auch mehr Gelegenheit fanden, reiche Beute
zu machen, als dies bei den regulären Truppen,
welche in geschlossenen Gliedern kämpften, vor=
kommen konnte.

Auf diese Weise verlebte ich fast den ganzen

Feldzug von 1758 an der oberschlesischen Grenze.
Es war mir bewilligt worden, einen Theil mei=
ner Leute mit Pürschbüchsen zu bewaffnen und
nach Jägerweise auszubilden. So hatte ich an
zwanzig bis dreißig Mann sehr gute Büchsen=
schützen bei mir, und da wir unsere Schüsse nur
auf die Officiere richteten, so fügten wir dem
Feinde erheblichen Schaden zu.

Mit dem übrigen Bataillon kam ich nur sel=
ten und dann gewöhnlich auch nur auf kurze
Zeit zusammen, und suchte, wenn ich dies irgend=
wie zu erreichen vermochte, für mich mit mei=
nem Commando allein zu bleiben, was mir auch
der General von Fouqué, unter dessen Ober=
befehle unser Bataillon stand, gestattete.

Im Sommer 1759 wurde ich Premierlieute=
nant und erhielt eine Compagnie zur Führung,
und 1760 wurde ich schon Stabscapitän, so daß
ich ein schnelles Avancement hatte. Wir ver=
loren bei unserem Freibataillon sehr viele Offi=
ciere, da der Dienst zu aufreibend war, und so=
mit war unsere Beförderung eine schnelle. Uebri=
gens bekam ich im Winter von 1759 auf 60
auch einen bösen Schuß in den rechten Oberschenkel,
so daß ich über acht Wochen in Ratibor krank
liegen mußte. Meine starke Gesundheit und gute

Körperconstitution bewahrten mich aber vor den
weiteren schlimmen Folgen dieser Wunde. Da
meine Compagnie sich einen guten Namen er=
warb und die Soldaten reiche Beute machten, so
hatte ich einen großen Zulauf von Leuten, die
sich freiwillig anwerben lassen wollten. Obgleich
der Verlust bei uns sehr groß war, so wurde
solcher doch immer wieder ersetzt, und ich hatte
gewöhnlich 180—200 Kerle unter meinem Be=
fehle, mit denen sich schon manch kühnes Unter=
nehmen ausführen ließ. Wenn die Freibatail=
lone und Husaren sich auch Tag und Nacht mit
den Feinden herumschlugen, so war es doch im
Uebrigen eine verflucht schlechte Zeit für das
preußische Heer.

Die Verluste in den vielen blutigen Schlach=
ten, welche unser große König fortwährend gegen
seine vielen Feinde schlagen mußte, waren zu
bedeutend, als daß sie immer wieder genügend
ersetzt werden konnten. Es fehlte an Officieren,
Soldaten, Geld und Waffen, und es war wirk=
lich ein Wunder, daß die Sachen doch noch im=
mer so abliefen, als dies der Fall war. Wirk=
lich, manche alte, früher sehr tüchtige Infanterie=
regimenter bestanden eigentlich mehr dem Namen
nach, als sie in der Wirklichkeit vorhanden wa=

ren, so wenig Officiere und Soldaten hatten sie
noch in den Gliedern. Mit kaum 90,000 Mann
konnte der König Friedrich den Feldzug von 1760
beginnen, und uns gegenüber standen an 200,000
Oesterreicher, Russen, Franzosen, Schweden und
Sachsen, die Reichscontingente gar nicht einmal
zu rechnen. Aber solchen Respect hatten alle unsere
Feinde doch vor unserem großen König und vor
der altpreußischen Tapferkeit, daß sie trotz ihrer
Uebermacht uns gar nicht anzugreifen wagten
und immer wie die Katze um den heißen Brei
herumgingen. Wahrhaftig, da hatte man volles
Recht, stolz darauf sein zu können, daß man ein
Preuße war.

Ein verflucht heißer Tag, an dem ich auch
einen Hieb über den Puckel bekam, der aber
glücklicher Weise nicht allzu tief ging, war der
23. Juni 1760 bei Landshut. Der österreichische
General Laudon, ganz unbedingt der kühnste
und beste General, den die Kaiserlichen während
dieses ganzen Krieges nur besessen haben, griff
unseren General Fouqué mit bedeutender Ueber=
macht an. Zwar kämpften unsere alten Soldaten
wie die leibhaftigen Teufel, aber das viele Kropp=
zeug, das wir in manchen neu errichteten Corps
hatten, wollte nicht so recht anbeißen. So be=

kamen wir denn gehörige Schläge und verloren
viele Kanonen, Standarten und Gefangene, und,
was das Schlimmste war, unsern heldenmüthigen
General Fouqué selbst. Die österreichischen Dragoner hieben ihn vom Pferde und schlugen nun noch,
wie dies oft ihre Gewohnheit war, mit ihren
Plempen auf den verwundet am Boden Liegenden. Auch meine Compagnie wollte bei Landshut nicht so recht anbeißen. Ich war fuchsteufel-
wild darüber und schlug mit meinem Säbel die
eigenen Kerle scharf und flach, wie es gerade kam,
über die Köpfe, daß es nur so krachte. Wenn
sie hoffen konnten, später plündern und reiche
Beute machen zu können, da gingen diese Freibataillone ganz unverzagt drauf und scheuten
weder Gefahren noch Strapazen, sollten sie aber
in der regulären Feldschlacht in das Kartätschenfeuer hinein, da haperte und stockte es oft ganz
gewaltig, und es zeigte sich, daß viele Soldaten
und selbst Officiere nur ganz infame Halunken
waren, die keine Ehre und keinen Patriotismus
im Leibe hatten. Da es uns jetzt in Schlesien wieder
herzlich schlecht ging, so kam unser König Friedrich mit einem Corps aus Sachsen zu Hülfe
anmarschirt. Es war wirklich wunderbar, wie
Alles gleich ganz anders wurde, sowie der König

nur selbst da war. Als wenn die Sonne aus
dunkeln Regenwolken plötzlich hervorbricht, solch
verändertes Leben kam in alle Soldaten, wenn
es hieß: „Der König kommt.‟

Am 15. August kam es bei Liegnitz wieder
zu einer blutigen Bataille. Unsere Compagnien
von den Freibataillonen scharmutzirten mit den
Feinden umher, wie das so unsere tägliche Ge=
wohnheit war, als plötzlich ein österreichischer
Deserteur, der von den Kroaten verfolgt wurde,
im vollsten Lauf, so schnell ihn seine Füße nur
tragen konnten, auf uns zugerannt kam. Ein
Kroaten=Officier auf einem schön aufgeputzten
Pferd sprengte hinter diesem Deserteur drein
und hatte ihn fast schon eingeholt, da dachte ich:
Halt, mein guter Freund, so rasch geht das
nicht! ließ mir schnell eine Büchse geben, zielte
scharf und schoß den Kroaten=Officier durch die
Brust, daß er gleich vom Pferde plauzte. So
war denn der Deserteur gerettet und konnte zu
uns kommen. Er war aber ein geborener Preuße,
und von den Oesterreichern vor zwei Jahren
zwangsweise unter ihre Regimenter gesteckt wor=
den, und nun mit Lebensgefahr desertirt, um dem
Könige die sehr wichtige Nachricht zu bringen,
daß der General Laudon ihn am andern Morgen

in aller Frühe in seinem Lager bei Liegnitz an=
greifen wolle.

Sowie unser König dies erfuhr, traf er auch
sogleich seine Anstalten danach. Die Tamboure
und die kranken und maroden Leute mußten in
dem Lager zurückbleiben und einen entsetzlichen
Spectakel machen, als wenn alle Truppen darin
versammelt wären. Unterdeß marschirte der König
in der Dunkelheit der Nacht ab, und legte sich
in einen Hinterhalt, an dem der General Laudon
mit seinem Heere vorbei mußte, wenn er uns
angreifen wollte. So schlau der alte Fuchs
Laudon auch sonst immer war, so ging er dies=
mal doch in die Falle. Die Sonne war noch
nicht aufgegangen und es war noch wie halbe
Dämmerung, so griffen wir unversehens die
ganz unbesorgt einhermarschirenden Feinde von
allen Seiten an. Ich hat meiner Compagnie
vorher gesagt, daß ich dem Halunken, der heute
nicht, wo Se. Majestät der König uns die hohe
Ehre erwiese, das Heer selbst zu commandiren,
auf das unverzagteste kämpfen würde, den Hals
eigenhändig umdrehen wolle, und das half denn
auch, und die Kerle gingen in das feindliche
Feuer hinein, daß das beste alte Linienregiment
es auch nicht besser hätte machen können. Einen

infamen Schuft, einen geborenen Schweizer, der
doch weglaufen wollte, schlug ich mit meinem
Säbelkorb so auf den Kopf, daß er gleich todt
zusammenstürzte.

Es war erst sechs Uhr Morgens, da hatten
wir die Oesterreicher schon total geschlagen und
ihnen viele Beute, Kanonen und Gefangene abgenommen. Das war doch eine herrliche Wie-
dervergeltung für die Schlappe, die wir bei
Landshut von ihnen erhalten hatten. Ich kam
gerade mit meiner Compagnie, die sich an dem
Tage wirklich vortrefflich geschlagen hatte, aus
der Gefechtslinie zurückmarschirt, als Se. Majestät der König mit dem alten General von Ziethen über das Feld sprengte. So schnell wie
möglich ließ ich meine Leute aufmarschiren und
Front machen, aber der König rief schon von
Weitem:

„Laß Er es nur sein, Capitän, Seine Leute
sehen hart mitgenommen aus und werden müde
sein!" In dem Augenblick erkannte der König
auch mich, hielt sein Pferd an und rief mir zu:
„Ist Er nicht der Förster aus Ostpreußen, den
ich bei Leuthen zum Officier machte?"

„Zu Eurer Majestät Befehl, ja wohl, der
bin ich," antwortete ich.

„Und jetzt führt Er eine Compagnie? Er muß
sich sehr ausgezeichnet haben. Sieht Er, daß auch
Officiere von bürgerlicher Herkunft in meiner
Armee ein schnelles Avancement finden, wenn sie
nur besondere Meriten haben. Na, halte Er sich
ferner brav, Capitän. Ich sehe, daß auch Frei=
compagnien sich in der Feldschlacht gut schlagen
können, wenn sie nur von tüchtigen Officieren
geführt werden.“ Mit diesen gnädigen Worten
tippte der König an seinen Hut und galoppirte
dann weiter. Das war das letzte Mal in meinem
Leben, daß ich den großen König der Preußen,
Friedrich der Einzige genannt, in der Nähe sehen
sollte.

Nach der Liegnitzer Schlacht marschirte mein
Bataillon nach Sachsen und nahm auch am 3.
November an der blutigen Torgauer Schlacht
Theil. Wir gehörten zu dem Corps, welches der
berühmte General von Ziethen, der Vater der
preußischen Husaren, commandirte, und kamen
an diesem für Preußen so glorreichen Tage ganz
gehörig in das Feuer, so daß meine Compagnie
gewiß an fünfzig Todte und Verwundete verlor.
In der Nacht trafen wir in einem dichten Walde
mit unseren alten Feinden, den Panduren des
Majors von der Trenk, zusammen. Wir waren

auf beiden Seiten viel zu ermüdet und hart mit=
genommen, als daß wir uns noch hätten umher=
schlagen können, und so machten wir denn aus,
daß wir bis am Morgen friedlich zusammen an
den Wachtfeuern sitzen bleiben wollten. So ge=
schah es denn auch, und ich habe mit vier bis
fünf feindlichen Panduren=Officieren die ganze
Nacht hindurch an einem und demselben Wachtfeuer
gesessen und mit ihnen einen großen Feldkessel
voll heißen Punsch ausgetrunken, als wenn wir
zeitlebens die besten Freunde und nicht die er=
bittertsten Feinde gewesen wären. Am andern
Morgen schüttelten wir uns noch ganz freund=
schaftlich die Hände, und dann marschirten sie,
wie es vorhin ausgemacht war, rechts und wir
Preußen links ab, und einen Tag später knall=
ten wir schon ganz gehörig wieder auf einander los.

Dieser große, glorreiche Sieg bei Torgau,
den wir so glänzend gewonnen, hatte wenigstens
das Gute, daß wir für den Winter Ruhe vor
den Feinden behielten und uns in Winterquar=
tiere legen konnten. Es war dies das erste Mal
während des ganzen bisherigen Krieges, daß meine
Compagnie Winterquartiere und einige Wochen
Ruhe erhielt. Nun, es that auch noth, denn wir
sahen furchtbar abgerissen und zerlumpt aus, und

ich glaube, in meiner ganzen Compagnie waren
nicht sechs Kerle, die noch ein heiles Hemb oder
ein Paar gute Stiefel auf dem Leibe hatten.
In Sachsen erholten wir uns dann wieder etwas
und fütterten und kleideten uns heraus. Das
arme Chursachsen mußte es fortwährend hart bü=
ßen, daß sein Churfürst und dessen schändlicher
Minister, der Graf Brühl, so erbitterte Feinde
des Königs von Preußen waren und die sträf=
liche Thorheit begangen hatten, uns den Krieg
zu erklären. Die Leute konnten zuletzt kaum die
harten Kriegscontributionen und die steten Lie=
ferungen an Rekruten, Vieh und Lebensmitteln,
die wir ausschrieben, erschwingen. Es half aber
nichts, es mußte Alles, was wir verlangten, ge=
bracht werden, denn unser König brauchte Geld,
und Menschen und Pferde, um diesen argen Krieg
gegen seine vielen Feinde siegreich durchzuführen,
und von Schonung konnte daher keine Rede sein.

Bis zum Monat März des Jahres 1761 blieb
ich in Sachsen im Winterquartier, und diese
Ruhe that mir und meinen Burschen wohl, und
ich konnte auch meine Compagnie wieder bis auf
hundertzwanzig Köpfe bringen. Es waren viele
Polaken und Tartaren und Gott weiß was für
Kerle, die von den Russen zu uns desertirt waren,

darunter, und man konnte die Bande kaum an=
ders als mit dem Kantschuh in der Hand in
Ordnung halten. Und doch mußte es gehen, die
Noth kennt kein Gebot, und so ging es auch.

Im März 1761 marschirten wir über Hof
in das Fränkische hinein und gingen selbst bis
Nürnberg hinunter, überall Kriegscontributionen
ausschreibend und Rekruten einfangend. Wir
hatten blos schwäbische Reichstruppen gegen uns,
und gegen diese Lumpenkerle waren unsere Frei=
compagnien noch immer gut genug, und wir schlu=
gen sie fast bei jeder Gelegenheit, wenn sie in
das Feld zu rücken wagten, ganz gehörig zurück
und nahmen ihnen reiche Beute ab. Es war ein
bequemer, lustiger Feldzug für uns, und wir
machten so viel Beute, daß mein rechtmäßiger
Antheil daran in dem einen Sommer an zwei=
tausend Thaler betrug. Und was stahlen meine
Kerls! Es half nichts, wenn man auch noch so
viel dazwischen prügelte; was nicht niet= und
nagelfest war, blieb vor ihren diebischen Klauen
gewiß nicht sicher! Alle diese Polaken und Russen
und Tartaren sind übrigens sehr gute, muthige
und abgehärtete Soldaten, die nur recht strenger
Officiere bedürfen, um das Beste zu leisten; aber
stehlen können die Kerle ärger als die Raben.

Nachdem wir den ganzen Sommer in Fran-
ken und im Thüringischen tüchtig gehaust und
für den König viele Gelder, Rekruten und Lebensmittel eingetrieben hatten, marschirten wir
im Spätherbst wieder durch Sachsen und die
Lausitz nach Schlesien. Da fing denn wieder ein
hartes Leben an. Die guten Fleischtöpfe im Frän-
kischen hörten bald auf und Knapphans ward
wieder Küchenmeister. Dazu hatten wir wieder
unsere alten Feinde, die Panduren, gegen uns,
und das waren ganz andere Soldaten, als diese
elenden Reichstruppen, und man mußte weit
mehr aufpassen. Wir drangen aber im Frühjahr
1762 doch noch weit bis Mähren hinein und
konnten selbst die starke Festung Olmütz in der
Ferne liegen sehen. Freilich wurden wir bei dieser Gelegenheit ganz vom Feinde umringt, und
es konnte wirklich als ein wahres Wunder angesehen werden, daß wir ohne allzu große Verluste davonkamen.

Glücklicher Weise schloß der König im Sommer 1762 mit den Russen und Schweden Frieden, wodurch wir zwei gefährliche Feinde los
wurden, und unser Heer konnte sich nun mit grö-
ßerer Kraft gegen die Oesterreicher und die anderen kleinen Kläffer von Reichsfürsten, die zwar

stets gewaltigen Lärm machten, aber doch nicht
viel ausrichten konnten, wenden. So empfingen
wir am 16. August den Grafen Daun, der so
ein echter Zauberer und Langsammarschirer war,
bei Reichenbach ganz gehörig und jagten ihn
bis in die Grafschaft Glatz zurück.

Ich kam an diesem Tage mit meiner Com=
pagnie sehr in's Feuer und meine Soldaten fochten,
daß es eine wahre Lust war. In diesem sehr
blutigen Gefecht bei Reichenbach hatte ich Gele=
genheit, einem vornehmen jungen Engländer,
einem Bruder des Lord Keith, der freiwillig als
Officier bei einem preußischen Kürassierregimente
diente, wie dies viele Engländer thaten, das
Leben zu retten. Der junge Mann, der sich sehr
tapfer gewehrt hatte, lag schon mit verwundetem
Arm unter seinem Pferde und zwei Panduren
wollten ihn eben tödten, als ich glücklicherweise
noch rechtzeitig genug dazwischen kam, den
einen Kerl zusammenhieb, den andern aber ver=
wundete und in die Flucht jagte. Dadurch hatte
ich dem jungen englischen Officier einen großen
Gefallen erwiesen, wofür er mir sehr dankbar
war und mir wiederholt beim Abschied sagte,
wenn ich später im Leben seiner bedürfe und er
mir einen Dienst leisten könne, so solle ich mich

nur an ihn wenden. Ich dachte anfänglich gar
nicht weiter an biesen Vorfall, und doch sollte
mein ganzes ferneres Leben dadurch eine ent=
scheibende Wendung erhalten.

Den übrigen Theil bes Jahres 1762 schweifte
ich mit meiner Compagnie, bie übrigens jetzt
auf ungefähr siebzig Mann zusammengeschmolzen
war, noch in Schlesien umher und nahm auch
an ber Belagerung von Schweibnitz einen thä=
tigen Antheil. Bei bieser Gelegenheit erhielt
ich einen bösen Schuß in die linke Schulter, so
baß ich mehrere Wochen in Breslau im Lazareth
zubringen mußte.

Kaum war ich wieder hergestellt, ba schloß
ber König Friedrich ben berühmten Hubertsbur=
ger Frieden, wodurch er ben Siebenjährigen Krieg
auf eine so ruhmvolle Weise beendete. Ueber
bie Hälfte Europa's hatte gegen bas arme kleine
Preußen sieben lange Jahre unter ben Waffen
gestanden, und doch hatten alle biese vielen Feinde
zusammen unserem großen König auch nicht
einmal ein einziges Dorf abzunehmen vermocht.
Auch der Churfürst von Sachsen, ber durch seine
Ränke so viel zu biesem blutigen Kriege beige=
tragen hatte, erhielt von unserem König sein
Churfürstenthum wieder zurück, was eigentlich

sehr schade war, denn es wäre unbedingt viel
besser gewesen, wenn ganz Sachsen mit Preußen
vereinigt wurde.

So sehr ich mich als guter Preuße, der ich
bis auf den heutigen Tag geblieben bin, auch
über diesen Hubertsburger Frieden freute und
stolz war, daß auch ich, so weit dies in meinen
Kräften stand, als Soldat mit gefochten und
mein Blut wiederholt für meinen König ver=
gossen hatte, so kam ich jedoch dadurch in eine
schlechte Lage. Es erschien plötzlich ein Befehl
des Königs, daß die Freibataillone aufgelöst
werden sollten. Die Soldaten und Korporale,
welche zu gebrauchen waren, sollten in die Linien=
regimenter, die Officiere, welche schon über fünf=
zehn Jahre gedient hatten, in die Garnison=
regimenter eingereiht, alle anderen aber mit einer
dreimonatlichen Gage entlassen werden. Daß
unser König Friedrich wie immer, so auch dies=
mal ganz richtig handelte und die Freibataillone
unmöglich länger bestehen lassen konnte, sah ich
freilich ein, aber was ich selbst jetzt eigentlich
anfangen sollte, wußte ich doch nicht recht. Zwar
war mir bei meinem Abgange als Förster ver=
sprochen worden, daß ich nach beendetem Kriege
wieder eine Försterstelle erhalten solle, allein ich

hatte auch keine rechte Lust dazu. Ueber sechs
Jahre war ich nun Soldat und davon fünf
Jahre Officier und drei Jahre Capitän gewesen,
und ich mochte denn nun nicht wieder in den
Vorzimmern der hohen Herren umherstehen und
bitten, bis ich vielleicht eine Försterstelle erhielt.
Wie ich nun so eines Abends recht verdrießlich
in Breslau umhergehe und darüber nachdenke,
was ich denn nun im Alter von sechsundbreißig
Jahren eigentlich noch anfangen solle, begegne
ich zufällig dem jungen Engländer, dem ich bei
Reichenbach das Leben gerettet. Da er inzwischen
auch seinen Abschied genommen und Civilklei=
dung angelegt hatte, so wäre er beinahe gar nicht
von mir erkannt worden. Er freute sich sehr, mich
jetzt wiederzusehen, und lud mich in das vor=
nehme Gasthaus ein, in dem er wohnte, um uns
bei einer Flasche guten Ungarweines zu unter=
halten. Solcher Einladung bin ich nun niemals
aus dem Wege gegangen, und so saßen wir denn
bald hinter den Flaschen und poculirten gehörig.
Da gab ein Wort das andere, und mein englischer
Freund frug mich, was ich denn eigentlich an=
fangen wolle, worauf ich ihm erwiederte, daß
ich dies selbst nicht recht wisse. Da sprang er
auf, schlug mit der Faust auf den Tisch und

rief aus: „God damn, das trifft sich ja präch=
tig. Ich habe in Nordamerika große Besitzungen
geerbt, und will jetzt hinreisen, um sie mir ein=
mal zu besehen. Reisen Sie mit als mein Be=
gleiter, und wenn es Ihnen dort gefällt, so blei=
ben Sie da und ich mache Sie zu meinem Ober=
verwalter, denn ich habe mir so schon immer
einen rechtschaffenen Deutschen dazu gewünscht.“
Das war denn ein Vorschlag, der sich hören ließ.
Zu verlieren hatte ich in Deutschland ohnehin
nichts, der Wein machte mich zu rascherem Ent=
schluß geneigt, als dies sonst wohl hätte der Fall
sein können, und so sagte ich: „Topp, ich nehme
Ihr Anerbieten an und reise mit nach Nordame=
rika.“ Und den zweiten Tag darauf fuhren
wir schon mit Extrapost nach Hamburg und
schifften uns dort nach England ein, wo wir
im October 1763 auch glücklich anlangten.

5.

Winteraufenthalt in England. Abreise nach Nordamerika und Landung in New-York. Reise nach Virginien und bleibender Aufenthalt daselbst. Seine Beschäftigung und Lebensweise. Verheirathung mit einer Pflanzertochter und Anlegung einer eigenen Pflanzung am Potomac. Genauere Bekanntschaft mit dem Obersten George Washington. Charakterschilderung dieses edlen Mannes. Ausbruch der Feindseligkeiten zwischen England und den Staaten von Nordamerika. Seine Ernennung zum Hauptmann einer freiwilligen virginischen Schützencompagnie. Ausmarsch in das Feld. Das Lager bei Cambridge und die Thätigkeit des Generals Washington. Sehr beschwerliche Expedition nach Quebeck, Gefechte mit den Engländern. Tod des Generals Montgomery. Die Proclamirung der Unabhängigkeit der Vereinigten Staaten. Der General von Steuben. Die hessischen Soldtruppen. Gefechte. Seine Beförderung zum Bataillonscommandanten.

Den Winter von 1763 auf 64 blieb ich in England auf einer großen Herrschaft des Lord Keith, da dessen Abreise nach seinen nordame=

rikanischen Besitzungen sich bis zum Frühjahr
verzögert hatte. Ich benutzte diese Zeit, um so
viel als möglich Englisch zu lernen, von dem ich
bisher noch kein Wort verstanden hatte, sonst
ging ich fleißig auf die Jagd, oder sah der Wirth=
schaft zu, um auch hierbei etwas zu lernen. Der
Lord war während des ganzen Winters in Lon=
don, und ich sah ihn nur sehr selten. Er blieb
stets recht freundlich gegen mich, gab mir auch
einen guten Gehalt, und ich habe niemals auch
nur im mindesten über ihn zu klagen gehabt.
Hier in England war freilich ein ganz anderes
Verhältniß zwischen uns, als dies früher in
Preußen der Fall gewesen. Dort waren wir
Beide preußische Officiere und somit Kameraden,
hier aber war er der reiche, vornehme Lord, ich
dagegen nur sein Beamter, so daß uns eine
große Kluft trennte.

Im Uebrigen gefiel es mir in England herz=
lich schlecht, und nie möchte ich in diesem Lande
für immer leben. Die Engländer sind ungemein
hochmüthig und haben einen so furchtbaren Na=
tionaldünkel, daß sie sich für ungleich klüger
und besser als alle anderen Völker halten, was
doch wahrhaftig nicht der Fall ist, obgleich ich
sonst gern zugeben will, daß es muthige Men=

ſchen ſind, welche viel Willenskraft beſitzen. Der
Reichthum und Luxus iſt dort ſehr groß, und
ich glaube, daß ſogar der König von Preußen
nicht ſo viel Geld für ſeinen Privathaushalt
ausgiebt, als mancher engliſche Herzog und Lord.
Sehr erfreulich für mein preußiſches Herz war
die allgemeine Verehrung, die ſämmtliche Eng=
länder, ohne Ausnahme, für unſern König
Friedrich bezeigten. Das ſei doch ein wahrer
Mann und ein tüchtiger Monarch, der allein in
ſeinem Kopfe mehr Verſtand beſitze, als alle an=
deren Fürſten in ganz Europa zuſammen. Dieſe
und ähnliche Aeußerungen konnte ich häufig ver=
nehmen. Faſt überall, ſelbſt in den Wohnungen
der Pächter, ſah man das Portrait Friedrich's des
Großen zu Pferde, den Krückſtock in der Hand
haltend, hängen. Das konnte mich mit Stolz
erfüllen und mit manchem Andern, was mir
nicht gefiel, wieder ausſöhnen.

Im März des Jahres 1764 ſchifften wir uns
auf einer ſchönen Fregatte von London nach
New=York ein. Wir hatten furchtbare Stürme
zu beſtehen, wurden bis hoch nach der ſchotti=
ſchen Küſte verſchlagen, und mehr wie einmal
glaubte ich, daß das Schiff untergehen müſſe,
ſo wild wurde es umhergeworfen. Allein die

Tüchtigkeit der Mannschaft und die Geschicklich=
keit der Officiere rettete uns. Gute Seeleute
sind die Engländer, das muß man ihnen lassen,
sie sind auf dem Wasser wie zu Hause, und je
ärger der Sturm tobt und das Unwetter zunimmt,
desto ruhiger und kaltblütiger werden sie.

Am 7. Mai 1764 langten wir in dem schö=
nen Hafen von New=York an, und mein Fuß
betrat den Boden von Nordamerika, was mir
fortan ein zweites Vaterland und eine theure
Heimath werden sollte. In New=York glaubte
ich zuerst mich noch in einer englischen Hafen=
stadt zu befinden, so durchweg englisch sah hier
Alles aus. Die Leute sprachen nur englisch,
kleideten sich, aßen und wohnten ganz nach eng=
lischer Weise, und die Soldaten des Forts in
ihren rothen Jacken waren ebenfalls Engländer.
Man sah der Stadt an, daß sie noch neu war
und vor kaum fünfzig Jahren gegründet sein
konnte, obgleich sie schon über 40,000 Einwoh=
ner besaß und lebhafter Handel und Verkehr in
den Straßen sich zeigte. Viele Häuser waren
nur aus Holz gebaut, große Kirchen und stolze
Schlösser gab es nicht, und auch an sonstigen
Sehenswürdigkeiten, wie solche in Berlin, Dres=
den und Breslau so viele waren, mangelte es

gänzlich. Die Bewohner der Stadt schienen meistens Kaufleute oder Schiffer zu sein und Handel ihre einzige Beschäftigung zu bilden. Kaum acht Tage waren wir dort, so wurde der Lord Keith, der als vornehmer, reicher Mann überall mit der größten Ehrerbietung aufgenommen war, zu einer großen Bärenjagd eingeladen, die einige Meilen von hier stattfinden sollte. Ich ritt ebenfalls mit, und da ich früher in Ostpreußen während des Winters häufig auf dieser Jagd gewesen, wo die Thiere aus Rußland und Polen zu uns herüberkamen, so freute ich mich sehr, auf nordamerikanischem Boden dem Meister Petz auch einmal gehörig eins auf den Pelz brennen zu können. Es war eine große Jagd, und da die Bären hier sehr häufig waren, so schossen wir neun Stück, von denen ich selbst mit meiner trefflichen Suhler Büchse, einem Beutestück aus dem Siebenjährigen Kriege, wo ich solche einem Reichscontingentler = Officier abgenommen hatte, zweien eine Kugel durch den Kopf jagte. Diese nordamerikanischen Bären sind übrigens viel größer und wilder als die russischen, und meist recht grimmige Bestien. Ich habe seitdem mindestens schon an zweihundert Bären hier geschossen, und später einmal

einen entſetzlichen Kampf mit einer angeſchoſſe=
nen grauen Bärin zu beſtehen gehabt. Das wü=
thende Thier hatte mir mit der Tatze einen Hieb
über den linken Schenkel gegeben, daß ein
Stück meiner ſtarken Lederhoſe und meines Flei=
ſches an ſeinen Krallen hängen blieb. Glücklicher
Weiſe verlor ich die Beſinnung nicht, und ſtieß
mein langes, breites Jagdmeſſer dem Unthiere
mit ſolcher Kraft in den weit geöffneten Rachen,
daß es todt zu Boden ſtürzte. Wenn ein Jäger
allein auf die Jagd des großen grauen Bären
geht, ſo muß er ein ſehr zuverläſſiger Schütze
und dazu auch ein äußerſt muthiger, kaltblütiger
Mann ſein, der unter keinen Umſtänden den
Kopf verliert, ſonſt iſt er nur zu leicht gefährdet.
Sonſt gingen wir viel auf die Jagd, da in der
Umgegend von New=York das Wild noch maſſen=
weiſe vorhanden war, und ſchoſſen Rehe, Hirſche
und wilde Truthähne zu vielen Dutzenden. ·

Ende Juli entſchloß ſich der Lord, den größ=
ten Theil ſeiner Beſitzungen, der im Staate
Virginien lag, zu beſuchen. Wir fuhren auf
einem ſehr hübſchen, ſchnellſegelnden Schooner
nach Baltimore, und da wir gutes Wetter und
eine luſtige Reiſegeſellſchaft hatten, ſo war dies

die angenehmste Reise, welche ich jemals in meinem ganzen Leben gehabt habe.

Unter dieser Reisegesellschaft befand sich auch ein alter, grauköpfiger Pflanzer aus Virginien, dem ich mich besonders anschloß und gern mit ihm verkehrte, da er auch ziemlich geläufig deutsch sprechen konnte. Er war mit seinem Vater, einem Hannoveraner, als ein Knabe von fünf Jahren aus Göttingen nach Nordamerika ausgewandert. Damals ahnte ich nicht, daß dieser alte Pflanzer einige Jahre später mein Schwiegervater, und seine älteste Tochter meine Frau werden solle.

In Baltimore blieben wir nur einige Zeit und brachen dann nach den großen Besitzungen auf, die der Lord von dem kinderlos verstorbenen Bruder seiner Mutter in Virginien geerbt hatte.

Ein bedeutender Theil des Bodens daselbst war noch unbebaut, doch lagen auch schon vier ziemlich ansehnliche Plantagen da, die verpachtet waren und eine gute Revenue abwarfen, da der Tabak, den sie bauten, in hohem Preise stand.

Die Reise von Baltimore machten wir zu Pferde. Es wurden achtzehn bis zwanzig Reit=

und Packpferde gekauft, einige bewaffnete Be=
dienten, dann Stallleute und ein Koch mitge=
nommen, kurz, wir bildeten eine eigene kleine
Caravane, über welche ich den Oberbefehl er=
hielt. So zogen wir langsam durch die schöne
und fruchtbare, theilweise schon ganz gut ange=
baute, theilweise aber noch sehr menschenleere
Gegend, jagten und fischten dabei, und schlugen
unsere Zelte oft auf einige Tage da auf, wo es
uns am besten gefiel.

Es war ein höchst angenehmes Leben, das
mitunter an den Krieg erinnerte, nur daß wir
lange nicht so viel Gefahren dabei zu bestehen
und Strapazen zu ertragen hatten. Hier im
freien Felde fiel auch der Unterschied des Ran=
ges und Standes zwischen dem Lord und mir
weit mehr fort und wir verkehrten oft ganz ge=
müthlich miteinander, als wären wir beide noch
preußische Officiere und er jetzt nicht mein Herr
und ich sein Beamter.

Nachdem wir noch mehrere Umwege gemacht
und auch auf einigen Plantagen, wo wir
mit der größten Gastfreundschaft aufgenommen
wurden, oft eine ganze Woche verweilt hatten,
langten wir im Spätherbst auf den Besitzungen
des Lords an.

Es war eine große Plantage mit ungemein
weitläufigen Gebäuden, wo wir unsere Wohnung
nahmen, und hier sollte ich künftig auch, nach
des Lords Abreise, meine Wohnstätte aufschlagen.
Die Gegend gefiel mir sehr gut, wie ich denn
bis jetzt auch ganz zufrieden war, daß mich mein
Schicksal nach Nordamerika geführt hatte. Mein
Geschäft bestand darin, die Pächter, welche die
Plantagen des Lords gepacht hatten, zu controli=
ren, daß sie auch alle ihre Bedingungen richtig
erfüllten, die Pachtgelder von ihnen einzucassi=
ren und diese nach England zu senden. Ferner
hatte ich den größten Theil des Grund und Bo=
dens, der noch nicht verpachtet war, alljährlich
einigemal zu bereisen, und darüber zu wachen,
daß sich keine unbefugten Ansiedler darauf nie=
derließen, sondern die Leute, welche anbauen
wollten, auch den Boden, freilich für eine sehr
geringe Summe, kauften.

Im Frühling des Jahres 1765 ging der
Lord wieder nach England zurück, und ich war
nun mein eigener Herr. Ich bewohnte ein klei=
nes Haus, hatte zwei Negersclaven als Bedienten
und Reitknecht, und zwei Negerinnen als Köchin
und Magd, ein halbes Dutzend Reitpferde
und auch sonst noch eine förmliche kleine Land=

wirthschaft. Als Begleiter auf meinen Reisen nahm ich einen früheren preußischen Husaren, der durch Zufall hieher verschlagen war. Leider trank der Mensch nur so stark, daß er deshalb wenig zu gebrauchen war, sonst war er ehrlich, anhänglich und äußerst muthig. Da ich oft Tage lang durch weite Wälder reiten mußte und die Gegend der umherstreifenden Indianer wegen gar nicht sicher war, so leistete dieser Mann mir vielen Nutzen.

Auf diese Weise lebte ich bis zum Jahre 1768 ganz ruhig und zufrieden, wenn auch frei= lich sehr einsam. Da ich gewisse Procente von der Einnahme, die ich dem Lord sandte, erhielt und diese sehr stieg, so stand ich mich recht gut und konnte mir alljährlich wohl an hundert Guineen zurücklegen. So hoffte ich mir mit der Zeit so viel zu ersparen, um in meinen al= ten Tagen ruhig und zufrieden in meinem Va= terlande Preußen, wohin mich mein Herz doch noch immer zog, leben zu können. Wie es sonst in der Welt aussah, wußte ich kaum, da oft ein halbes Jahr vergehen konnte, ohne daß ich nur ein einziges Zeitungsblatt zu Gesicht bekam.

Im Herbst 1768 hatte ich einst eine weite

Reise zu machen und kam gegen Abend auf eine
große, mir unbekannte Plantage. Wie es die
Sitte hier mit sich brachte, so ritt ich ohne Wei=
teres vor das Haus, um mir ein Nachtquartier
von dem Pflanzer zu erbitten. Ungemein freute
ich mich aber, als ich in dem alten, weißhaarigen
Mann, der aus der Thür trat, um mich zu
empfangen, meinen Reisegefährten auf der Fahrt
von New=York nach Baltimore vor vier Jahren
erkannte.

Auch er freute sich sehr, mich wiederzusehen,
und nahm mich nun mit doppelter Freundlich=
keit auf. Ich ward der Frau und den Kindern
vorgestellt und fühlte mich bald in der zahlrei=
chen Familie so wohl und heimisch, daß ich, statt
nur eine Nacht zu bleiben, wie ursprünglich
meine Absicht gewesen, gleich acht Tage dort
blieb.

Besonders die älteste Tochter des Pflanzers
that es mir sehr an. Sie war eine junge
Wittwe von einigen zwanzig Jahren, und hatte
ihren Mann, der in einem Gefechte mit den
Indianern erschossen wurde, vor zwei Jahren
verloren. Kurz und gut, ich verlobte mich mit
dieser Tochter, und es ward ausgemacht, daß ich

zu Weihnachten wiederkommen und dann die
Hochzeit feiern solle.

So ritt ich als ein glücklicher Bräutigam
wieder von dannen. In meinem Wohnort an=
gekommen, fand ich ein Schreiben des Lord
Keith, worin er mir ankündigte, daß er seine
gesammten Besitzungen in Virginien verkauft
habe, weil er fürchte, daß es mit der Zeit doch
zu einem Kriege zwischen England und den ame=
rikanischen Colonien kommen könne. Wünsche
ich selbst nach England zurückzukehren, so wolle der
Lord dort für mich sorgen, jedenfalls solle ich
eine Gratification von fünfhundert Pfund Ster=
ling von der Kaufsumme erhalten. Es war mir
dies sehr erwünscht, denn da ich selbst mir auch
schon an fünfhundert Pfund erspart hatte, so
besaß ich jetzt an tausend Pfund, und damit
konnte ich mich schon selbst ankaufen.

Ich hatte nun mit der Ablieferung der Be=
sitzung, Einziehung aller Gelder, kurz, der gan=
zen Abwickelung des Geschäftes so viel zu thun,
daß ich erst Ostern 1769 meine Hochzeit machen
konnte.

Während des Winters hatte ich auch viele
Reisen zu machen und mich häufig in Balti=
more, wo die Käufer der Besitzungen wohnten,

aufhalten müssen. Gegen Oſtern war das ganze
Geſchäft geordnet und ich hatte die Genugthuung,
dem Lord die Summe von zweimalhundertzwölf=
tauſend Pfund Sterling ſenden zu können, und
ſo das große Vertrauen, welches er in mich ge=
ſetzt hatte, vollkommen gerechtfertigt zu haben.
Ich ſelbſt ritt mit ein Tauſend Pfund in der
Taſche nach Truro, ſo hieß das Kirchſpiel, wo
mein Schwiegervater wohnte. Meine Mary
erwartete mich dort mit liebender Sehnſucht, und
am andern Tage war ich ihr glücklicher Gatte,
und habe ſeitdem jeden Tag meinem Gott ge=
dankt, daß er mich hieher nach Amerika geführt
und ein ſo vortreffliches Weib gegeben hatte.

Mit Hülfe meines Schwiegervaters kaufte ich
mir nun eine eigene kleine Plantage am Poto=
mac, die ich, meinem großen Preußenkönig zu
Ehren, Friedrichsburg nannte, für zweitauſend
Pfund Sterling. Ich erwarb mir dann das
Bürgerrecht des Staates Virginien nnd hatte
die Abſicht, als ein ruhiger Pflanzer mein Leben
hier zu beſchließen. Daß ich noch einmal zu
den Waffen werde greifen müſſen und mir ſo=
gar den Rang eines Oberſt erwerben ſollte, dachte
ich damals freilich nicht.

Ich mochte wohl ungefähr ein halbes Jahr

selbstständig gewirthschaftet haben, da machte ich
bei einer Kirchspielversammlung die Bekanntschaft des Obersten Washington, der zu Mount-
Vernon, an zwei deutsche Meilen von mir entfernt, eine große Plantage bewirthschaftete. Ich
hatte schon stets von allen Seiten so viel Lob
über Washington gehört, daß ich mich ungemein
freute, jetzt seine persönliche Bekanntschaft zu
machen.

Wahrhaftig, selten habe ich einen Menschen
kennen gelernt, zu dem ich mich gleich in der ersten Stunde unserer Bekanntschaft so sehr hingezogen fühlte und dem ich so mein unbedingtes
Vertrauen und meine aufrichtigste Hochachtung
schenkte, als Washington, diesen größten Mann,
den Nordamerika jemals hervorgebracht hat und
auch wohl für lange Zeit noch hervorbringen
wird. Das war ein Mann, auf den sein Vaterland mit Recht stolz sein konnte, denn so
einer wird nicht so leicht wieder geboren. In
rein militärischer Hinsicht stand er als Feldherr
nicht gar so großartig da, und konnte sich mit
einem Friedrich den Großen, ja auch nur mit
einem Prinz Heinrich von Preußen und den Generälen Fouqué, Seidlitz, Ziethen und anderen
preußischen Heerführern kaum vergleichen. In
14*

der Großartigkeit seiner Gesinnung, der unbe=
dingten Aufopferungsfähigkeit für die Sache,
welche er ergriffen hatte, und seiner Hochherzig=
keit, Treue, rastlosen Thätigkeit, Kaltblütigkeit in
jeglicher Gefahr, und Klarheit, mit der er selbst
die verwickeltsten politischen Verhältnisse durch=
schaute, war er aber ein Mann, der sich mit
den gefeiertsten Helden der alten wie der neuen
Zeit vollkommen messen konnte, ja viele von
ihnen gewiß noch übertraf. Auch körperlich war
er ein schöner, kräftiger Mann, der fast an sechs
Fuß Größe, einen sehr starken Körperbau und
einen regelmäßigen Gesichtsausdruck, in dem je=
doch gewöhnlich etwas Ernsthaftes lag, besaß.
So war der damalige Oberst Washington, der
sich später als General und nachheriger Präsi=
dent der Vereinigten Staaten von Nordamerika
einen so hochberühmten Namen erwarb, be=
schaffen.

Ich habe die feste Ueberzeugung, daß ohne
seine mächtige Hülfe unser Unabhängigkeitskrieg
gegen England niemals gelungen sein würde,
und wir eben jetzt noch, statt ein selbstständiger,
allgemein geachteter Freistaat, eine von der eng=
lischen brutalen Willkür unterdrückte und ge=
mißhandelte Colonie sein würden. Ehre und

Ruhm sei ihm für das, was er für uns Alle
hier in Nordamerika gethan, daher für alle Zei=
ten, und wenn unsere Vereinigten Staaten sich
selbst ehren wollen, so können sie auch sein An=
denken gar nicht genug hochachten.

Es war mir ungemein erfreulich, daß der
Oberst Washington auch Wohlgefallen an mei=
ner Person zu finden schien. Er hatte gehört,
daß ich fast den ganzen Siebenjährigen Krieg
als ein preußischer Officier mitgekämpft hatte,
und brachte nun gleich das Gespräch darauf.
Dabei zeigte er sich ganz unterrichtet, so weit
man dies aus Büchern sein kann, und wußte in
allen Feldzügen Friedrich's des Großen genau
Bescheid.

Als Feldherr stellte er den König von
Preußen nun ungemein hoch und sagte, er habe
die Kriegsgeschichte aller Zeiten und Völker ge=
nau studirt, aber niemals gefunden, daß ein
Kriegsheld Gleiches gethan, und mit einem so
kleinen Heere ganze sieben Jahre hindurch einer
so sehr bedeutenden Uebermacht siegreichen Wi=
derstand geleistet habe, als Friedrich der Große
dies gethan. Lange nicht so hoch schien er ihn
als Mensch zu halten, und meinte, er glaube,
daß er zur Despotie geneigt sei. Ich sagte ihm,

dies könne ich nicht beurtheilen, allein so weit
ich es verstehe, hätte der König von Preußen
stets so gehandelt, wie er hätte handeln müssen,
und was vielleicht für Despotie gehalten würde,
sei nur die reine Nothwendigkeit gewesen.

Von nun an verkehrte ich viel und gern mit
dem Obersten Washington, und er war mir ein sehr
umsichtiger Rathgeber, wie ich meine Plantage
am besten bewirthschaften könne. Ich ritt gewiß
alle Monate ein= bis zweimal nach Mount=
Vernon, das reizend am Potomac lag, und wo
ich stets auf das gastfreundlichste aufgenommen
wurde; ebenso beehrte mich der Oberst mitunter
mit seinem Besuche. Auch unsere beiden Frauen
fanden Gefallen an einander und besuchten sich
häufig, was uns Männern denn auch sehr ange=
nehm war.

Es war stets ein sehr gastfreies Leben in
Mount=Vernon und die angesehensten Männer
aus ganz Virginien verkehrten häufig dort. Da=
bei war die Lebensweise zwar sehr einfach und
ganz von jeglichem Luxus entfernt, aber doch
reichlich, und es wurden große Quantitäten von
Lebensmitteln aller Art dort verbraucht. Da
die Pflanzung sehr ertragreich und der Oberst
Washington überhaupt recht wohlhabend war,

so konnte er diese Ausgaben gut bestreiten.
Wie auf allen Pflanzungen in Virginien, so war
der Tabaksbau die Haupteinnahme in Mount=
Vernon, und es wurden zu diesem Zwecke wohl
an zweihundert Negersclaven dort gehalten, die
in jeder Hinsicht vortrefflich behandelt wurden.
Der daselbst gebaute Tabak war ausgezeichnet,
und der Oberst, der Alles mit der größten Sorg=
falt selbst überwachte, erhielt von den Händlern
stets höhere Preise als die anderen Pflanzer, die
weniger aufmerksam waren. Sonst hatte er noch
eine ziemlich ausgedehnte Viehzucht und besaß
namentlich mehrere schöne Pferde, auf die er gro=
ßen Werth legte. Da der Boden der Pflanzung,
die ich besaß, sich nicht besonders zum Tabaks=
bau eignete, ich auch kein hinreichendes Capital
hatte, um zu den vielen Arbeiten, welche die
Tabakspflanze erfordert, die nöthigen Negersclaven
zu halten, so gab mir Washington den Rath,
mich vorzugsweise auf Viehzucht zu legen. Ich
kaufte mir also sehr gute Kühe und nahm eine
deutsche Wirthschafterin an, die das Buttern und
Käsemachen aus dem Grunde verstand, und so ver=
kaufte ich viele Butter und namentlich auch Käse
an alle Pflanzungen, die am Potomac lagen,
und erzielte eine gute Einnahme dabei. So ver=

gingen mir die Jahre 1769 und 1770 im größ=
ten Glücke, und da mir meine liebe Frau, deren
Werth ich täglich mehr zu schätzen wußte, auch
zwei gesunde Mädchen geschenkt hatte, so fehlte
mir wirklich nichts an meinem Glück, und ich
konnte Gott nur aus vollem Herzen dafür dan=
ken, daß er mich hieher nach Nordamerika ge=
führt und ein so ruhiges Leben beschieden hatte.

Im Winter 1771 bis 1772 begleitete ich den
Obersten Washington auf einer größeren Reise
an den Ufern des Ohio. Wir fuhren theilweise
in einem großen Canoe auf dem Fluß, setzten
aber häufig auch unsere Wanderungen zu Fuß
fort durch die ungeheuern Waldungen, welche sich
hier noch über Hunderte von Meilen erstrecken.
Proviant hatten wir in hinreichender Menge bei
uns, und da es an Wild nicht fehlte und un=
sere kleine Reisegesellschaft mehrere vorzügliche
Büchsenschützen besaß, so hatten wir Hirsche, Trut=
hühner und wilde Tauben stets im Ueberfluß.
Von großem Interesse war es mir jetzt, viel mit den
Indianerstämmen zusammen zu kommen, die sich
am Ohio noch sehr zahlreich aufhielten. Der
Oberst Washington kannte von seinen früheren
Feldzügen als Milizofficier gegen die Franzosen
noch mehrere Häuptlinge der Indianerstämme,

die hier wohnten, und so wurden wir in deren
Lagern stets sehr freundlich aufgenommen und
mußten mit den Häuptlingen oft die Friedens=
pfeife rauchen. Es waren sehr viel schöne, kräf=
tige Männer unter den Indianern, deren ernstes
Wesen und feste Männlichkeit in allen ihren
Bewegungen und Handlungen mir überhaupt
ungemein gefiel; besonders im Vergleich zu dem
oftmals unangenehmen Benehmen, wodurch sich
die Negersclaven auszeichnen. Abgesehen von ihrer
dunkelbraunen Hautfarbe und ihrer Kleidung,
konnte ich die Indianer stets als mit mir auf
gleicher Stufe stehende Menschen betrachten, wäh=
rend ich bei den Negern immer das Gefühl hegte,
als gehörten alle Weißen einer weit höheren
Gattung des Menschengeschlechtes an, und diese
Schwarzen wären nur eine Art von Halbmen=
schen. Das Unangenehmste seit meiner Ankunft
in Virginien waren die vielen Negersclaven, die
man daselbst antrifft, und die besonders auf den
Tabaksplantagen gar nicht entbehrt werden kön=
nen. Wenn wir hier gar keine Negersclaven zu
halten brauchten, würde das Leben noch einmal
so angenehm sein; allein das geht nun einmal
nicht an, denn ich müßte gar nicht, wer die Ar=
beit anders thun sollte, als solche Schwarze.

Sehr befriedigt von diesem Ausfluge nach
den Ufern des Ohio, kehrte ich in Begleitung
Washington's nach dem Potomac zurück, und
war ungemein erfreut, als ich vor meinem Haus
zu Friedrichsburg vorritt und meine Frau mir
mit dem lieben kleinen Mädchen auf dem Arme
entgegenkam. Ein größeres Glück, als so ein Wiedersehen seiner Lieben und eine Zurückkunft in
einen theuern Familienkreis nach einer Abwesenheit, giebt es doch gar nicht auf Erden.

Im Jahr 1774 wurden die Zwistigkeiten,
welche schon seit einigen Jahren zwischen England
und den nordamerikanischen Staaten bestanden
hatten, immer heftiger. Das englische Parlament
in London trat in seinem brutalen Uebermuth
unsere Rechte förmlich mit Füßen und wollte uns
behandeln, als wenn wir ein Volk von besiegten
Sclaven wären. So konnte dies nicht länger
fortgehen, und die Herren in England mußten
Vernunft und Recht annehmen, oder es kam zu
einem heftigen Zusammenstoß.

Im Mai 1774 fand in Williamsburg eine
Versammlung der angesehensten Männer aus der
ganzen Provinz statt, in welcher eine Schrift
aufgesetzt wurde, die in zwar gemäßigten, aber
doch sehr bestimmten Ausdrücken eine Abhülfe

aller unſerer gerechten Beſchwerden verlangte.
Der Oberſt Waſhington und ein angeſehener
Pflanzer, William Maſon, der unweit von mir
am Potomac wohnte, ſowie auch mein alter
Schwiegervater, hatten dieſe Schrift unſerem Gouverneur übergeben, waren aber von dieſem ſehr
ungnädig abgewieſen worden. So wurde denn
im ganzen Lande die Anſicht immer allgemeiner,
daß zuletzt doch nichts übrig bleiben werde, als
dieſen Kampf mit den Waffen auszufechten, obgleich wir Pflanzer, die Haus und Hof, Weib
und Kind hatten, natürlich ſehr ungern zu einem
ſolchen blutigen Streit ſchreiten wollten. Schon
von früherer Zeit her beſtanden in ganz Virginien Milizcompagnien, die ſehr häufig zu Kämpfen gegen Indianer verwandt wurden, und
dieſe Einrichtung hatte das Gute, daß die Leute
in den Waffen geübt waren und wenigſtens ſo-
gleich einigermaßen brauchbare Truppen abgeben
konnten. Als nun die Verſammlung in Williamsburg ſo ſchnöde behandelt worden war,
faßten wir den Beſchluß, daß die Milizcompagnien vermehrt und auch öfterer geübt werden
ſollten. Es wurde nun der Oberſt Waſhington
einſtimmig zum Befehlshaber der geſammten Miliz von Virginien erwählt, während man mir, in

Betracht meiner früheren Dienstzeit als preußischer Officier in dem Heere Friedrich's des
Großen, die Führung einer Compagnie Büchsenschützen anvertraute. Ich hatte zwar keine Neigung mehr zu kriegerischen Thaten und lebte
lieber im Kreise meiner Familie auf meiner
Pflanzung, als daß ich mich auf's Neue in den
Kampf stürzte, doch schien es mir nur eine
Mannespflicht zu sein, daß ich alle meine Kräfte
und Erfahrungen jetzt auch meinem neuen Vaterlande Nordamerika mit dem größten Eifer wid-
mete, wenn es wirklich zum Kampfe kommen
sollte. Auch in meiner wackern Frau lebte ein
viel zu patriotischer Geist, als daß sie mich nur
im allerminbesten davon zurückgehalten hätte;
im Gegentheil bestärkte sie mich noch mehr in
meinem Entschlusse, wenn es einer solchen Mah-
nung noch bedurft hätte. Ein Gleiches that mein
Schwiegervater, dieser wackere Greis, dessen höch-
stes Bedauern es war, daß seine zweiundsiebenzig
Jahre ihm nicht gestatteten, mit in das Feld zu
ziehen, sobald es zum Kriege käme. Immer
drohender wurden jetzt die aus Boston zu uns
bringenden Nachrichten, wo die Engländer mit
der größten Brutalität auftraten, und es konnte

kaum noch zweifelhaft sein, daß nur die Waffen, und sonst weiter nichts, uns zu retten vermochten.

Am 20. März 1775 war ich zu einem gro= ßen Congresse in Richmond, wo es sehr lebhaft zuging, und als ich die Rückreise mit dem Ober= sten Washington gemeinsam machte, sagte dieser beim Abschiede noch zu mir: „Lieber Freund, als Sie unseren nordamerikanischen Boden hier be= traten, hätten Sie wohl nicht geglaubt, daß Sie Ihre Erfahrungen als preußischer Officier noch würden dazu benutzen müssen, um hier abermals in einen blutigen Streit gegen eine große feind= liche Uebermacht zu ziehen, und doch, fürchte ich, bleibt uns nun nichts Anderes mehr übrig, als der Krieg, denn ein Volk, das seine Ehre ver= liert und nicht den letzten Blutstropfen daran setzt, um diese zu schützen, hat Alles verloren, und darf keinen größeren Anspruch auf Achtung machen, als ein Haufe halbthierischer Neger. Leben Sie wohl und seien Sie auf Alles ge= faßt." Mit diesen Worten schüttelte der edle Washington mir noch die Hand und gab dann seinem Rosse die Sporen, um nach Mount=Vernon hinzusprengen.

Von nun an übten wir uns fleißiger als je in den Waffen, und die Compagnie freiwilliger

Büchsenschützen, welche ich die Ehre hatte zu be=
fehligen, leistete schon Tüchtiges, wenn · sie frei=
lich auch noch lange nicht so stramm und fest
exercirte, als eine Compagnie preußischer Infan=
terie. Es waren hundertachtzig junge, kräftige
Männer, fast alle im sichern Gebrauche der
Büchse wohl erfahren; größtentheils waren es
junge Pflanzer, Jäger, auch Plantagenaufseher.
Zwei meiner Schwäger, beide prächtige Men=
schen, befanden sich ebenfalls dabei.

Im Juni 1775 erhielt ich plötzlich die über=
raschende, aber auch äußerst erfreuliche Nachricht,
daß der Congreß den Oberst Washington zum
obersten Befehlshaber der gesammten nordame=
rikanischen Landmacht erwählt und dieser die
Stelle auch angenommen habe. Wenn wir einen
solchen edlen Befehlshaber hatten, so mußte un=
sere gerechte Sache siegen, das war meine feste
und unerschütterliche Ueberzeugung. Ich ritt
sogleich nach Mount=Vernon, um dem Obersten
zu gratuliren, fand ihn leider aber nicht mehr
zu Hause, da er schon nach Richmond abgereist
war. Die Festigkeit und Würde der Gattin
Washington's, bei welcher ich den Abend zubrachte,
gefiel mir wiederholt bei dieser Gelegenheit.

Wahrhaftig, sie war eine Frau, die eines solchen Mannes auch würdig war.

Am 11. Juli erhielt auch meine Schützen=compagnie Befehl zum Ausmarsch, und zwar sollte sie sich nach Cambridge begeben, wo ein Theil unserer Truppen zusammengezogen wurde. Ich gehörte zu der Brigade, die ein Milizoberst, Nathanael Green, ein alter, erfahrener Mann, der schon früher lange gegen die Indianer und Franzosen gedient hatte, befehligte. Es ist doch ein ganz anderes Ding, wenn man Frau und Kind besitzt, und soll dann von diesen Abschied nehmen, um in den Krieg zu ziehen, als wenn ein lediger Mensch dies thut, der wenig zu ver= lieren hat; das empfand ich jetzt so recht. Wahr= haftig, als ich am Morgen mit meiner Frau noch einmal auf unserer Plantage umherge= gangen war und von den Leuten und Sclaven Abschied genommen hatte, meine beiden kleinen Mädchen mich noch umfaßten und bitterlich wein= ten, und ich nun meiner Frau den letzten Ab= schiedskuß gab, da fühlte ich plötzlich, daß es mir ganz naß in den Augen wurde, und dies war mir bisher noch niemals passirt. Doch es galt ja die Rettung meines jetzigen Heimath= landes, und da mußte jedes andere Gefühl voll=

ständig schweigen. Und so schwang ich mich denn
auf mein Pferd und galoppirte meiner inzwischen
schon voraufmarschirten Compagnie nach.

Es war eine wahre Freude, diese Compagnie
zu commandiren. Lauter tüchtige, anständige
Männer, die nur aus Patriotismus und von
weiter keiner andern Absicht getrieben, Haus
und Hof und Familie verlassen hatten, um ihr
Vaterland vor frechem Uebermuth zu schützen,
dienten darin. Wenn auch Alles bei uns noch
keinen rechten militärischen Schick hatte, und
Manches zu wünschen übrig blieb, so war doch
der Keim vortrefflich und die Disciplin in ihrer
Hauptsache vollkommen genügend. Welch ein
Unterschied zwischen dieser freiwilligen Schützen=
compagnie, die ich jetzt, und der Freicompagnie,
die ich im Heere Friedrich's des Großen befeh=
ligt hatte, und in der die ärgsten Taugenichtse
blos durch die größte Härte und die schonungs=
losesten Prügel einigermaßen in Ordnung gehal=
ten werden konnten. Freilich, was Uebung,
Fertigkeit in geschlossenen Bewegungen, und nun
gar vor Allem die große Zahl tüchtiger, durch
und durch unterrichteter Officiere anbetraf, war
die preußische Armee der nordamerikanischen
Unionsarmee stets unendlich weit überlegen,

und Schlachten, wie bei Prag, Roßbach, Leu=
then, Zorndorf und Torgau, hätten wir nun
und nimmermehr zu liefern vermocht, und wäre
ein Friedrich der Große mit nur dreißigtausend
Mann seiner altpreußischen Regimenter uns ge=
genüber gewesen, niemals hätte Nordamerika sich
die Unabhängigkeit errungen.

Wir marschirten in Eilmärschen nach Cam=
bridge und legten die dreihundert englischen
Meilen bis dahin in einer ungemein kurzen Zeit
zurück. Ein allgemeiner Enthusiasmus ging
jetzt durch alle Staaten von Nordamerika, und
wenn auch die englische Regierung, besonders in
den Nordstaaten, noch viele Anhänger besaß, so
war die weit überwiegende Mehrheit der Bevöl=
kerung doch fest entschlossen, das Aeußerste zu wa=
gen, um in diesem gerechten Kampfe gegen die
englische Tyrannei zu siegen. Wirklich, die Be=
geisterung, welche jetzt bei Alt und Jung, Vor=
nehm und Gering herrschte, hatte viel Aehnlich=
keit mit den Gefühlen, die während des Sieben=
jährigen Krieges in den altpreußischen Provin=
zen gang und gäbe waren, wo die wirklich bra=
ven Leute lieber Alles opfern, als ihren König
Friedrich den Großen untergehen lassen wollten.

In dem Lager von Cambridge, wo jetzt

10,000 Mann nordamerikanische Truppen zu=
sammen kamen, herrschte viel kriegerisches Leben.
Zwar waren manche Milizregimenter nur schlecht
ausgerüstet, und wer an stramme Soldatenzucht
gewöhnt war, hätte gar Vieles bei uns herzlich
schlecht gefunden, allein die Begeisterung, die
Alle erfaßte, und die wahre Tüchtigkeit so vieler
Männer aus allen Ständen, die im Heere dien=
ten, mußte Manches wieder ausgleichen. Nur
in einigen Milizregimentern, die besonders aus
den großen Städten des Nordens rekrutirt wa=
ren, befanden sich manche rohe Kerle und Tau=
genichtse, die nur Lärm und Unfug anrichteten
und, da die Strafgewalt der Officiere nur ge=
ring war, mehr schadeten als irgendwie nützten.
Wenn so fünf bis sechs Milizregimenter aus
New=York und Philadelphia unter altpreußischer
Zucht gestanden hätten und von altpreußischen
Officieren commandirt worden wären, so hätte
dies dem Heere einen großen Vortheil gebracht.

Die Seele des Ganzen in dem Lager von
Cambridge war unser Obergeneral Washington.
Wahrhaftig, was der Mann jetzt Alles leistete,
und welchen körperlichen und geistigen Anstren=
gungen er sich fast unaufhörlich unterzog, um
der Sache des Vaterlandes zu nützen, grenzte

an das Unglaubliche. Und wie belebend war
sein Einfluß auf Alle, die mit ihm in Berüh=
rung kamen; welche Begeisterung wußte er den
Truppen einzuflößen! Als er meine Compagnie
gemustert hatte, äußerte er in wenigen Worten
seine Zufriedenheit über deren Aussehen, und
sagte dann zu mir, indem er mir die Hand
reichte:

„Man sieht, daß Sie das Soldatenhandwerk
in der guten preußischen Schule gelernt haben,
und Ihren Lehrmeistern Ehre machen; Sie
sollen daher auch den Vorzug haben, an einer
eben so gefährlichen und beschwerlichen, wie ehren=
vollen und wichtigen Unternehmung mit Ihrer
Compagnie Antheil nehmen zu dürfen.‟

So brachen wir schon wenige Tage nach un=
serer Ankunft im Lager von Cambridge wieder
auf, um eine Expedition unter dem Befehl des
Obersten Arnold nach Canada zu machen. Wir
waren 1100 Mann stark, von denen jedoch an
400 Mann unter dem Befehl eines schuftigen
Stabsofficiers bereits nach einigen Tagen ganz
eigenmächtig unter dem Vorwande, daß ihnen
der Proviant ausgegangen sei, wieder um=
kehrten.

Solche Eigenmächtigkeiten einzelner Befehls=

15*

haber, welche nicht gehorchen wollten, kamen leider nur zu oft vor, wurden lange nicht mit der nöthigen Strenge bestraft und schadeten dann sehr.

Wir Uebrigen setzten nun unter den größten Anstrengungen und Entbehrungen aller Art, bei denen jedoch der gute Wille unserer Solda= ten das Aeußerste leistete, den Marsch nach Ca= nada fort. Fast zwei Monate mußten wir un= ausgesetzt marschiren, und die Strapazen vermin= derten unsere Schaar bis auf 600 Mann; da konnten wir uns endlich vor Quebeck, der Hauptstadt des englischen Canada, lagern.

Hier kam ich denn nun auch auf nordame= rikanischem Boden zuerst in das Gefecht. Meine Compagnie stand auf Vorposten, als sie von einer überlegenen englischen Schaar heftig ange= griffen wurde. Meine Hauptsorge war nur, daß meine ungeübten Soldaten zu schnell feuern möchten. So sagte ich ihnen denn: „Kameraden, spart Euer Feuer, zielt genau, und gebt lieber einen sichern, als zwei unsichere Schüsse. Und dann nehmt besonders die englischen Officiere und Unterofficiere scharf auf das Korn." Das war meine ganze Rede.

Wir stellten uns nun hinter Bäumen gedeckt

auf und ließen die Engländer bis auf zweihun=
dert Schritte ruhig herankommen. „Jetzt gebe
die Hälfte von Euch, Alle, die ungerade Num=
mern haben, Feuer, und die Anderen, die gerade
Nummern haben, warten, bis die Ersten wieder
zu laden anfangen!" rief ich mit voller Stimme.
Und besser, wie ich dies selbst gehofft hatte, be=
nahmen-sich meine Leute. Sie feuerten so ruhig
und dabei sicher, daß die Engländer, nachdem sie
nur zwei Salven bekommen hatten, schnell wie=
der umkehrten, wobei sie zehn bis zwölf Todte,
darunter zwei Officiere, auf dem Platz liegen
ließen. Wir sandten ihnen noch einige gute Ku=
geln zum Abschiede nach und begaben uns dann
nach dem Platze, wo die gefallenen Feinde lagen.
Ihre Taschen wurden untersucht und Alles, was
wir an Geld und Geldeswerth darin fanden, zu=
sammengepackt und am andern Tage durch eine
sichere Gelegenheit dem in Quebeck commandi=
renden englischen General mit einem höflichen
Schreiben gesandt. Meine Soldaten waren viel
zu anständig und gebildet, und größtentheils auch
zu wohlhabend, als daß sie derartiges Geld be=
halten hätten. Wie anders war hierin das Ge=
sindel der preußischen Freicompagnie, die ich im
Siebenjährigen Kriege befehligte. Von den gefal=

lenen englischen Officieren war der eine ein noch
sehr hübscher junger Mann. In seiner Brief=
tasche befanden sich Briefe seiner alten Mutter
an ihn voll der zärtlichsten Mutterliebe und der
größten Sorge um sein Leben. Ich ersah daraus,
daß der Erschossene ein Neffe des Lord Keith,
meines früheren Herrn, der mich nach Nord=
amerika gebracht hatte, war, und so 'that mir
sein Tod doppelt leid.

Der Oberst Arnold, der unser kleines Corps
befehligte, forderte nun zwar die Stadt Quebeck
zur Uebergabe auf, erhielt aber, wie vorauszu=
sehen war, eine abschlägige Antwort. Um einen
Angriff auf die Stadt, die an tausend Mann
englischer Truppen als Garnison hatte, zu un=
ternehmen, waren wir viel zu schwach, und so
lagerten wir uns denn eine deutsche Meile davon
entfernt und führten den kleinen Krieg gegen
die Engländer, bei dem aber im Ganzen nicht
allzu viel herauskam. In diesem Lager plagte uns
die Kälte sehr, und so hatten sich denn zuletzt
alle unsere Soldaten große Pelzröcke angeschafft,
so daß wir aus der Ferne mehr Bären als Men=
schen ähnlich sahen. Sonst bestand unser Anzug
aus ledernen Jagdhemden, wie solche die Jäger
in Amerika gewöhnlich tragen, kurzen Pluder=

hosen und hohen Jagdstiefeln, denn von einer
eigentlichen Uniform konnte bei allen diesen frei=
willigen Schützencompagnien nicht die Rede sein.

Während wir noch vor Quebeck lagen und
mit den Engländern scharmuzirten, war der ame=
rikanische General Montgomery auch in Canada
eingedrungen und hatte die wichtige Stadt Mont=
real besetzt. Als dies geschehen war, kam er zu uns
in das Lager vor Quebeck und vereinigte sich
hier mit uns.

Es waren aber inzwischen mehrere frische Re=
gimenter englischer Truppen bei Quebeck gelan=
det, und dadurch war die Uebermacht der Feinde
sehr groß. Dazu hatten sie Geschütze, die wir
leider gar nicht besaßen, und einen Ueberfluß an
Munition, woran wir den empfindlichsten Man=
gel litten. Es war fast unmöglich, uns hier Pul=
ver und Blei in genügender Menge zu verschaf=
fen, und die Patronen, welche wir den Feinden
wegnahmen und die dann in Ladungen für un=
sere Büchsen und Flinten umgewandelt wurden,
bildeten unser einziges Hülfsmittel. In meiner
Schützencompagnie hatte der einzelne Mann durch=
schnittlich nicht mehr als zehn Patronen für seine
Büchse, und ich wußte nicht, woher ich mehr Mu=
nition schaffen sollte. Dabei litten wir trotz

unserer großen Bärenpelze von der Kälte und
dem schlechten Wetter sehr, da wir fortwährend
im Freien campiren mußten, und die Winter in
Canada bekanntlich sehr rauh sind. So konnte es
denn nicht fehlen, daß Krankheiten und Todes=
fälle unsere Reihen ungemein schwächten. Beson=
ders auch meine Schützencompagnie aus Virgi=
nien, wo ein warmes Klima herrscht und die Be=
völkerung daher nicht an Kälte gewöhnt ist, schmolz
sehr zusammen. Gar mancher brave Mann, der
sich mit schwerem Herzen von seiner Familie los=
gerissen hatte, um seine Ehrenpflicht, das Vater=
land zu vertheidigen, mit seinen besten Kräften
zu erfüllen, mußte hier schon frühzeitig den Tod
finden.

So konnte es denn nicht anders kommen, als
daß die Engländer, die jetzt mit voller Kraft
einen Ausfall aus Quebeck machten, uns ganz
entschieden zurückschlugen. Besonders gegen das
englische Kanonenfeuer wollten unsere ungeübten
Miliz= und Schützencompagnien, die so etwas
gar nicht kannten, nicht hinan, und stäubten bald
auseinander, als sie nur erst eine Kartätschen=
salve erhalten hatten. In das feindliche Batterie=
feuer hinein zu marschiren, verstanden die Sol=
daten Friedrich's des Großen denn doch weit besser,

und wenn wir nur so ein altes strammes pom=
mersches oder brandenburgisches Infanterie=Regi=
ment hier gehabt hätten, wäre die englische Bat=
terie, die uns jetzt so bald auseinander brachte,
schnell erobert worden. Wir Officiere warfen
uns nun zwar mit aller Kraft unseren rückwärts
fliehenden Leuten entgegen und suchten sie wieder
zum Stehen zu bringen, allein vergeblich. Bei
dieser Gelegenheit wurde unser sehr brave Ge=
neral Montgomery, als er gerade ein Milizregi=
ment aus Connecticut, welches das schlechteste
Beispiel zu dem eiligen Rückzug gegeben hatte,
mit dem Degen in der Faust zum Stillstand zu
bringen versuchte, gerade durch die Brust getrof=
fen, so daß er auf der Stelle zusammenstürzte.
Es war dies ein sehr harter Verlust für das
junge amerikanische Unionsheer, denn der Ge=
neral Montgomery gehörte unbedingt zu den tüch=
tigsten Officieren desselben, und wir hatten lei=
der nur einen zu großen Mangel an derartigen
Männern. Es war nur ein Glück, daß die eng=
lische reguläre Landmacht, deren schlecht schießende
Soldaten einen großen Respect vor den sicheren
Büchsenkugeln unserer Schützen zeigten, uns nicht
in die Wälder zu folgen wagten, sonst wären
wir Alle ganz entschieden verloren gewesen.

So konnten wir denn doch noch ziemlich un=
beläftigt unfern Rückzug antreten.

Im Mai 1776 langten wir ungemein zufam=
mengeschmolzen am Hudson an, und bezogen dort
Cantonnirungen, um uns einigermaßen wieder
zu erholen. Meine Compagnie zählte kaum
noch vierzig Mann unter den Waffen.

Im Monat Juni beschloß der norbamerika=
nische Congreß auch die feierliche Unabhängig=
keitserklärung von England, die bis dahin noch
niemals öffentlich ausgesprochen war. Bisher
waren wir nur die Colonien von Norbamerika
gewesen, von jetzt an wurden wir „die Vereinig=
ten freien Staaten."

Es war ein ungemein feierlicher Tag für uns
Alle, als diese Unabhängigkeitserklärung des
Congresses proclamirt wurde, und trotz unsers
übeln Zustandes suchten wir diesen so gut wie
möglich zu feiern. Wir waren von nun an
keine englischen Colonisten mehr, sondern freie,
unabhängige Bürger eines Freistaates, und das
ist schon ein schönes Wort, dessen wahre Be=
deutung nur der zu fühlen vermag, der dies
selbst ist.

Wollten wir aber wirklich einen geachteten
Freistaat bilden und unsere Unabhängigkeit im

vollſten Sinne erringen, ſo beburfte es bazu
noch langer unb ſchwerer Kämpfe; bies konnte
Jeber, ber nur einige Einſicht beſaß, mit Si=
cherheit vorausſehen. So leicht gaben bie Eng=
länber eine reiche Colonie, wie bie von Norbame=
rika war, nicht auf, ſonbern ſetzten ſicherlich ihre
ganze Kraft baran, ſie auch für bie Zukunft zu
behaupten, unb zwar um ſo mehr, ba ein großer
Theil ber reichen Kaufleute in unſeren nörbli=
chen Seeſtäbten im Grunbe ihres Herzens ſehr
engliſch geſinnt waren. Wenn mir nun auch
bie Engländer im Allgemeinen wegen ihrer
Brutalität unb ihres rohen Uebermuthes gegen
anbere, ſchwächere Völker ſehr verhaßt geweſen
ſinb, ſo kann man boch nicht läugnen, baß ſie
Tapferkeit unb Energie in hohem Grabe beſitzen
unb ſehr gefährliche Feinbe abgeben. Unb was
Englanb nicht an Solbaten ſelbſt beſaß, bas
kaufte es ſich für ſein ſchweres Gelb von anberen
Fürſten. Da waren in Deutſchlanb mehrere
kleine Fürſten, ſo beſonbers ber von Heſſen unb
von Naſſau, unb wie bie anberen Kerle noch wei=
ter heißen mochten, bie erbärmlich genug waren,
ihre Regimenter förmlich an bie Engländer zu
verkaufen. An bieſen kleinen Fürſtenhöfen ſoll
ſtets ungeheure Pracht geherrſcht haben unb

Tausende von Thalern für Maitressen und glän=
zende Hoffeste verausgabt werden. Da war
denn freilich in den Kassen jener Herren immer
ein Mangel, und nun suchten sie diesem dadurch ab=
zuhelfen, daß sie ihre braven Soldaten Kopf für
Kopf an die Engländer verschacherten, ebenso als
wenn es rohe schwarze Negersclaven und nicht
tüchtige deutsche Soldaten gewesen wären. Pfui
der Schande über solche Fürsten, die so wenig
Ehre im Leibe besaßen, daß sie einen derartigen
Menschenhandel treiben konnten. Es ward bei
uns in Nordamerika erzählt, daß der englische
Gesandte auch bei unserem großen Preußenkönig
gewesen sei und ihm den Vorschlag gemacht
habe, daß er an England 20,000 Mann preu=
ßische Soldaten für viele Millionen Thaler ver=
kaufen oder vermiethen solle. Unser alte Fritz
soll aber nach seinem Krückstock gegriffen, und
dem englischen Gesandten gesagt haben: wenn
er sich noch einmal unterstehe, ihm einen sol=
chen infamen Vorschlag zu machen, so würde er
ihn mit dem Stocke hinter die Ohren schlagen,
troz seiner Gesandtenwürde. Er sei ein König
von Preußen und habe Ehre im Leibe, und sei
kein solcher Kurfürst von Hessen oder ein ande=
rer Fürst, der von Ehre nichts wisse, wenn er

nur Geld bekommen könnte. Ein König von
Preußen aber brauche kein fremdes Geld, denn
bei sparsamer Wirthschaft seien seine Kassen auch ·
so schon immer gefüllt.

So soll, wie man bei uns im nordamerika=
nischen Heere allgemein erzählte, der König
Friedrich der Große zu dem englischen Gesand=
ten gesagt haben, und als ich dies hörte, wurde
ich doppelt stolz darauf, daß ich ein geborener
Preuße war und einem solchen König, und nicht
einem Kurfürsten von Hessen oder ähnlichen ehr=
losen Fürsten gedient hatte. Uebrigens waren
die kurhessischen Truppen, welche jetzt nach Nord=
amerika geschickt waren, um gegen uns zu
kämpfen, sehr brave Soldaten, die muthig und
gewandt fochten und viel mehr militärische Ge=
schicklichkeit als die Engländer besaßen. Was
konnten diese armen Leute dafür, daß sie solchen
Schubjack von Kurfürsten hatten. Sehr viele
von ihnen sind übrigens zu uns desertirt und
kämpften dann muthig in unseren Reihen. Wenn
ich nun auch sonst jede Desertion bei einem
Soldaten mit Recht sehr verachte, so ist es doch
in solchem Falle etwas ganz Anderes, und bei
Truppen, welche willenlos an ein fremdes Land
verkauft werden, um für eine ihnen ganz fremde

Sache zu fechten, kann man den einzelnen Leu=
ten wahrlich nicht verdenken, wenn sie jede ihnen
nur irgendwie günstige Gelegenheit zur Deser=
tion benutzen.

Ich habe es mir stets zu einem besondern
Geschäfte gemacht, von den uns gegenüberstehen=
den deutschen Soldtruppen so viele Soldaten
wie nur möglich zur Desertion zu bewegen,
und freue mich, daß mir dies bei einigen Hun=
dert Mann gelungen ist.

Während aber jetzt kurhessische und andere
deutsche Soldtruppen gegen uns fochten, landeten
mehrere frühere preußische Officiere, welche den
Entschluß gefaßt hatten, unserer gerechten Sache
mit ihren Kenntnissen zu nützen, in New=York
und nahmen in unserem Heere sogleich Dienst,
wo sie mit der größten Freude begrüßt wurden.
Es waren mehrere sehr vorzügliche Officiere
darunter, Männer, deren Kopf und Herz auf dem
rechten Fleck saß, und ich fühlte mich doppelt
stolz darauf, sie als meine Landsleute, mit denen
ich früher die gleiche Uniform zu tragen die
Ehre gehabt hatte, begrüßen zu können. So=
wohl an Rang wie Fähigkeit und Charakter der
ausgezeichnetste von diesen früheren preußischen
Officieren war entschieden der Oberst von

Steuben. Er war früher mehrere Jahre Adju=
tant Friedrich's des Großen gewesen und hatte
als solcher den ganzen Siebenjährigen Krieg
mitgemacht. Schon dies spricht sehr für ihn,
denn ein Officier, der von dem alten Fritz zum
Adjutanten genommen wurde, mußte schon ein
sehr tüchtiger Mann und kein Dummkopf sein.
Der General Washington, der sogleich einsah,
daß der Oberst von Steuben eine viel bessere
militärische Erfahrung hatte, als er selbst, und
in Allem, was zur Kriegführung gehörte, weit
umfassendere Kenntnisse zeigte, als man sich in
Amerika erwerben konnte, machte ihn zum Chef
seines Stabes. Als solcher war er die Seele
des ganzen Unabhängigkeitskrieges der Nordame=
rikaner, und hat uns die größten Dienste ge=
leistet. Ja, es wäre leicht möglich gewesen, daß
ohne die bedeutende Erfahrung des Obersten
und nachherigen Generals von Steuben unser
gerechter Kampf zuletzt doch schlecht geendet hätte.
Ehre sei ihm daher für alle Zeiten, und sein
Andenken wird in den Vereinigten Staaten von
Nordamerika stets ein gesegnetes sein.

Nach der Unabhängigkeitserklärung des Con=
gresses wurde in allen Staaten mit vermehrtem
Eifer gerüstet. Wollten wir wirklich unser hohes

Ziel erreichen, so mußten wir mit äußerster An=
spannung aller Kräfte auch dafür kämpfen, denn
mit schönen Reden und hochtönenden Proclama=
tionen wurde nicht viel erreicht. Damit lockte
man keinen Hund hinter dem Ofen hervor, und
schlug viel weniger die Engländer aus Nord=
amerika hinaus. Es wurde jetzt auch eine bessere
Organisation der Armee vorgenommen, und be=
sonders die Disciplin der Milizregimenter, welche
bisher viel zu wünschen übrig gelassen hatte, weit
strenger gehandhabt und dieselben den sogenann=
ten regulären Continentaltruppen, die bis jetzt
das Meiste gethan hatten, gleichgestellt. Die
Thätigkeit, Umsicht und Energie unseres Gene=
ral Washington leistete jetzt das Außerordent=
lichste, und der Mann schien sich zu verzehn=
fachen, solche Arbeitslast ruhte auf ihm. Und
mit welcher Dummheit, Kleinlichkeit, Erbärm=
lichkeit, Eitelkeit hatte dieser große Mann oft
leider nur zu sehr zu kämpfen. Es war hier
in Amerika nicht so wie in Preußen, wo der
König nur zu befehlen brauchte, und die Ande=
ren, ohne nur zu mucksen, schnell gehorchen muß=
ten, wenn sie nicht infam aus dem Dienst ge=
jagt oder gar vor ein Kriegsgericht gestellt wer=
den wollten, sondern Washington mußte oft,

statt zu befehlen, nur bitten oder ermahnen, und zu einer Sache, die er auf directen Befehl in einer Stunde hätte erreichen können, durch die vielen nothwendig werdenden Umwege ganze Wochen gebrauchen. Die Freiheit ist eine gar schöne Sache, aber beim Kriegführen taugt sie nicht viel, und ein General muß zugleich auch Dictator sein, davon habe ich mich hier während des nordamerikanischen Unabhängigkeitskrieges nur zu oft überzeugt. Wäre der General Washington nicht ein so außerordentlich großer Mann gewesen, und hätten die Engländer nicht häufig nur zu schlechte Generale gehabt, niemals wäre das schöne Ziel der vollständigen Unabhängigkeit von uns erreicht worden, das bleibt nun einmal eine unbestreitbare Thatsache.

In Folge der Vermehrung unserer Truppen wurde die von mir befehligte Schützencompagnie zum Stamme eines virginischen Bataillons erhoben, über welches ich als Major den Befehl erhielt. Wir sollten eigentlich die Stärke von achthundert Mann haben, sind aber niemals über sechshundert Mann in den Gliedern gewesen.

An dem unglücklichen Gefecht bei Long=Island, wo ein Theil unserer Milizregimenter sich höchst erbärmlich schlug, so daß der englische

General Howe einen vollständigen Sieg errang,
habe ich nicht theilgenommen. Ich war damals
nach den Ufern des Hudson abcommandirt, und wir
führten einen kleinen Krieg mit englischen Streif=
corps, wobei auf beiden Sciten nicht viel her=
auskam. Mein neues Bataillon kam nun zu
der Division, welche General Lee befehligte, und
wir rückten in ein stark befestigtes Lager bei
Wites=Plaines. Hier hatte ich auch Gelegen=
heit, den General Washington, den ich während
eines ganzen Jahres nicht wieder gesehen hatte,
begrüßen zu können und mich' an seinem edeln
Wesen herzlich zu erfreuen. Und was ruhte da=
mals nicht Alles auf den Schultern dieses sel=
tenen Mannes!

Am 28. October 1776 rückte die englische
Hauptarmee mit Macht gegen unser Lager an,
und es schien voraussichtlich zu einer größeren
Schlacht zu kommen. Ich schrieb noch am Mor=
gen in meinem Zelte einen kurzen Abschieds=
brief an mein geliebtes Weib, das ich nun schon
seit anderthalb Jahren nicht mehr gesehen hatte,
und war dann zu jedem Kampfe bereit. Es kam
aber an diesem Tage nur zu einigen lebhaften
Scharmützeln, wobei die feindlichen Truppen
abermals entschieden im Vortheil blieben. Be=

sonders ein Regiment churhessische Grenadiere, wahre Kerntruppen, zeichnete sich hierbei sehr aus. Die braven Hessen durchwateten einen Fluß, mitten im Kugelregen unserer Plänkler, und warfen dann durch einen kräftigen Bajonnetangriff an 1600 Mann von unseren Milizen ganz gehörig zurück.

Ich glaube, daß der englische General Howe, welcher gegen uns commandirte, in Erfahrung brachte, daß unser Lager doch zu stark befestigt sei, um so ohne Weiteres erstürmt werden zu können, denn zu unserer großen Verwunderung zog er sich plötzlich zurück. Die englischen Truppen wurden durch die häufigen Desertionen ungemein geschwächt; besonders Irländer und Deutsche desertirten in ganzen Trupps zu uns herüber.

Sonst ging es uns im Herbst dieses Jahres äußerst schlecht. Wir erlitten Niederlagen über Niederlagen, und sogar das wichtige Fort Washington bei New=York mußte sich mit einer Besatzung von einigen Tausend Mann ergeben. Auch unser General Lee, der sich sehr unvorsichtig vorgewagt hatte, wurde mitten in der Nacht in seinem Quartier von einer Abtheilung leichter englischer Reiterei umzingelt und

gefangen genommen. Ich selbst entging nur mit
Mühe einem gleichen Schicksal. Die Gefangen=
nahme des Generals Lee war ein großer Verlust
für unsere Sache. Er war zwar ein sehr starr=
köpfiger, ungemein von sich eingenommener, sonst
aber recht tüchtiger Officier.

Alle die vielen Verluste der letzten Zeit mach=
ten neue Aushebungen von Truppen nöthig, und
diese geschahen auch jetzt mit allem Eifer. Glück=
licher Weise war die englische Streitmacht auch
nur gering, und der weite Ocean, der zwischen
England und Amerika liegt, machte es, bei der
langsamen Fahrt der Segelschiffe im Winter,
fast unmöglich, daß der englische General Howe
die Truppen, welche er so bringend wünschte, in
der erforderlichen Schnelligkeit und Stärke nach=
gesandt erhielt, sonst wäre im Winter von 1776
auf 1777 die Union entschieden unterlegen.

Am 25. December unternahmen wir, an 3000
Mann stark, unter dem persönlichen Obercom=
mando des Generals Washington eine sehr kühne
That, gingen über das Eis des breiten Stromes
Delaware und griffen in der Nacht an 5000
Mann Hessen und Engländer in der Stadt
Trenton an. Durch Washington's Gegenwart
begeistert, leisteten unsere Truppen jetzt sehr

viel, und so gelang es uns, an 1100 Feinde ge=
fangen zu nehmen und viele Geschütze und Ge=
wehre zu erbeuten.

Das war doch wieder ein Glückstag bei so
vielen Unglücksfällen. Wir hatten nun noch
mehrere glückliche Gefechte an dem jenseitigen
Ufer des Delaware und fügten den Feinden
einige Schlappen zu.

Bei einem Ueberfall gegen das siebenzehnte
englische Regiment bei Princetown am 11. Januar
erhielt ich einen Schuß in den rechten Schen=
kel, der mich auf mehrere Monate dienstunfähig
machte. Ich mußte das Heer verlassen und ließ
mich nach Philadelphia bringen, um mich dort
pflegen zu können.

Mein treffliches Weib scheute nicht die Ge=
fahren und Strapazen einer Winterreise von un=
serer Pflanzung am Potomac in Virginien nach
Philadelphia, um mich pflegen zu können. Wie
ganz anders ist doch die Pflege einer liebenden
Frau als die eines bezahlten Krankenwärters;
diesen gewaltigen Unterschied verspürte ich jetzt
so recht.

Ende Mai war meine Wunde, die sich doch
bedeutender herausstellte, als ich dies anfänglich
selbst geglaubt hatte, so weit wieder hergestellt,

daß ich meinen Dienst übernehmen konnte. Es
hatte mich zuletzt fast gewaltsam zu meinem Ba=
taillon hingezogen, und selbst die Gegenwart mei=
ner geliebten Frau hatte meine Ungeduld nicht
zu zähmen vermocht. Zwar war es mit meinem
Marschiren zu Fuß für immer vorbei, denn
der eine Muskel im Schenkel war stark verletzt;
allein auf meinem trefflichen virginischen Hengst
sitzend, konnte ich jeglichen Dienst verrichten.

So meldete ich mich Ende Mai 1777 beim
General Washington im Lager bei Middlebrock,
ward von dem edlen Manne, für den mein
Herz immer wärmer schlug, je mehr ich alle
seine vorzüglichen Eigenschaften erkannte, auf
das freundlichste empfangen, und übernahm das
Commando meines virginischen Bataillons auf's
Neue.

Wir hatten nun während des Sommers 1777
verschiedene Gefechte mit den Engländern an
den Ufern des Delaware, ohne daß eigentlich
auf beiden Seiten viel dabei herauskam. Nur
die freudige Gewißheit konnten wir erlangen,
daß unsere Armee selbst, je länger der Krieg
dauerte, immer kriegsgeübter und tüchtiger
ward.

Am 11. September hatten wir mit den Hes=

sen und Engländern ein heftiges Gefecht auf den Höhen bei Brandywine, wobei auch mein Bataillon stark in's Feuer kam. Nachdem das Gefecht den ganzen Tag mit abwechselndem Erfolg gedauert hatte, mußten wir in der Nacht in guter Ordnung den Rückzug antreten. Die Tapferkeit und Disciplin der braven Churhessen, welche unter ihrem General von Knyphausen vortrefflich fochten, hatte hier den Sieg entschieden, zumal wir uns in bedeutender Minderzahl gegen das an 18,000 Mann starke Heer des Generals Howe befanden.

Diese Schlacht wurde die bei Brandywine genannt. Leider fiel in Folge derselben die wichtige und schöne Stadt Philadelphia in die Gewalt der Engländer, welche nach ihrer Gewohnheit äußerst roh und brutal daselbst hausten.

Ich ward jetzt mit meinem Bataillon und einer Abtheilung von 200 Mann leichter virginischer Reiterei unter dem Befehl des Hauptmanns Washington den Delaware hinauf gesandt, um einen kleinen Krieg mit den Engländern zu führen. Wir waren Tag und Nacht unermüdlich thätig und fügten den Feinden vielfachen Schaden zu. Die Engländer waren mit einer Flotte von kleinen Kriegsschiffen in den De-

laware eingelaufen, und gegen diese richteten wir
nun besonders unsere Feindseligkeiten. Wir ver=
steckten uns in den Büschen am Ufer des Fluf=
ses, und wenn die Kriegsschiffe in unsere Nähe
kamen, schossen die besten Schützen unter mei=
nen Soldaten die Leute auf dem Verdeck zu=
sammen. Besonders auch die Landungen der
englischen Matrosen und Seesoldaten in ihren
offenen Böten suchten wir möglichst zu verhin=
dern.

In einer dunkeln Nacht machten wir sogar
einen Ueberfall auf einen englischen Kriegsscho=
ner von sechs Kanonen, der mitten im Dela=
ware vor Anker lag. Einhundertfünfzig Frei=
willige, die besten Leute meines ganzen Comman=
dos, wurden hierzu auserwählt. Es wurden heim=
lich einige große Flöße gebaut und diese am
Abend in das Wasser gelassen, so daß über hun=
dert Mann darauf Platz haben konnten. Die
übrige Mannschaft bestig kleine indianische Ca=
noes, aus Baumrinde gemacht, deren Ruder mit
Werg umwunden waren, so daß sie kein Geräusch
im Wasser machten, und diese wurden mit Stri=
cken vor das Floß gespannt, um es in Bewe=
gung zu setzen. Es war ein ungemein waghal=
siges Unternehmen, das durch den geringsten un=

glücklichen Zufall sehr leicht verrathen werden
konnte, wo dann die Engländer mit einigen Kar-
tätschensalven ihrer Schiffsgeschütze alle Flöße
mit der eng zusammengepreßt darauf stehenden
Mannschaft schnell zu vernichten vermochten. Mir
klopfte daher das Herz vor Aufregung so sehr,
als ich das vorderste Canoe bestieg, wie ich mich
nicht erinnerte, daß dies jemals in meinem ganzen Leben früher der Fall gewesen wäre. Der
Plan und die Ausführung dieses Ueberfalles waren lediglich von mir allein ausgegangen, und
mich traf daher eine große Verantwortung, wenn
solches mißglückt und vielleicht sogar meine ganze
Mannschaft, der Kern meines Bataillons, fast lauter junge kräftige Pflanzersöhne aus Virginien,
untergegangen wäre. Das Glück begünstigte jedoch dies Unternehmen sehr. Die Engländer, die
sich mitten in dem breiten Strom vor jedem
feindlichen Ueberfall vollkommen sicher wähnten,
hielten eine sehr nachlässige Wacht, und so konnten wir uns ihnen vollkommen unbemerkt nähern. Erst im letzten Augenblick, als das Canoe,
in dem ich mich befand, schon die Schiffsleiter,
die heruntergelassen war, berührte, machte der
auf Posten stehende englische Seesoldat Lärm
und feuerte seine Muskete ab. Jetzt aber war

es zu spät. Mit größter Eile sprang ich die Schiffs=
leiter hinauf und schoß dem Seesoldaten, der mit
dem Bajonnet auf mich einstürmte, eine Pistolen=
kugel durch den Kopf. In diesem Augenblick
kam auch schon der Capitän des Schoners, im
Hembe, in der einen Hand eine Pistole, in
der andern einen blanken Säbel, aus der Ka=
jüte auf das Verdeck gestürzt. Er schoß auf mich,
verfehlte mich aber in der Aufregung und wollte
nun mit dem Säbel nach mir hauen. Ich unter=
lief ihn jedoch schnell, packte ihn um den Leib,
und da ich stets eine gehörige Kraft besaß, warf
ich ihn so gewaltig auf das Verdeck, daß er zwei
Rippen brach, woran er später auch gestorben ist.
Inzwischen waren meine Leute nun auch alle in
größter Eile auf das Verdeck geklettert, und der
Widerstand der Engländer mußte bald aufhören.
Wir nahmen an hundertzwanzig englische Ma=
trosen und Seesoldaten gefangen, beluden alle
Böte mit den Gegenständen des Schoners, die
wir nur gebrauchen konnten, und zündeten dann
solchen gegen Morgen an, daß er gänzlich nieder=
brannte, da wir ihn doch nicht benutzen konnten.
Diese That machte damals viel Aufsehen in Nord=
amerika und verschaffte mir die Ernennung zum
Oberst.

6.

Das Lager bei Valley-Forge im Winter von 1777—78. Schlechte Verhältnisse im Heere. Intriguen gegen den Ober-general Washington. Der Marquis Lafayette und die französischen Officiere. Gefecht bei Monmouth. Die Winter-quartiere von 1778—79. Besuch zu Hause. Sommer-feldzug gegen die Indianer im Jahre 1779. Seine Verwundung durch einen vergifteten Pfeil. Ueberfall in einem Seebade. Die schändliche Verrätherei des Generals Arnold. Feldzug in Virginien und Carolina unter dem Marquis Lafayette während des Jahres 1780. Die Er-stürmung der Schanzen bei Yorktown. Capitulation der englischen Hauptarmee unter dem General Cornwallis. Wich-tige Folgen. Der Winter von 1781—82. Zug gegen die Indianer. Abmarsch der Franzosen. Vereinigung vieler Officiere, um den General Washington zum Könige von Nordamerika zu machen. Entschiedene Ablehnung desselben. Zwistigkeiten mit dem Congreß. Verkündigung des Friedens am 19. August 1783. Auflösung des Heeres. Die in Amerika zurückbleibenden deutschen Soldaten. Feierlicher Einzug in New-York. Abschiedsrede des General Washing-ton. Seine Ankunft in der Heimath. Schluß.

Im December 1777 kam ich mit meinem Corps wieder zu der nordamerikanischen Hauptarmee

unter dem General Washington zurück, und nach
einigen kleineren Scharmützeln bezogen wir ein
Winterlager bei Valley=Forge, was stark befestigt
wurde. Es war aber ein sehr trauriger Winter,
den wir hier verlebten. Noth und Elend herrsch=
ten unter den Soldaten, die kaum halb bekleidet
waren, zweimal in der Woche Fleisch erhielten
und ohne genügende Decken in leicht gebauten Holz=
hütten oft die strengste Winterkälte aushalten
mußten. Es fehlte im Congreß an Geld, um dem
Heer zu bewilligen, was ihm nöthig war, und
ferner gab es eine große Menge von Maulhel=
den und Schwätzern daselbst, die da glaubten,
die Sachen gingen doch gut, wenn auch die Trup=
pen hungerten und frören und an allem Noth=
dürftigen den größten Mangel litten, sobald nur
im Congresse selbst recht viele glänzende Reden
gehalten würden. In allen solchen Congressen
und Volksversammlungen wird stets erschrecklich
viel Unsinn gesprochen, und ein armer Oberan=
führer, der davon abhängig ist, muß schon ein
gutes Maß Geduld besitzen, um sich durch all'
diesen Wirrwarr hindurchfinden zu können. Dazu
kamen auch noch recht widerliche Streitigkeiten
zwischen den höheren Officieren. Ja, einige in=

fame Schufte, und darunter besonders die Gene=
rale Gates, Mifflin und vor Allem dieser Schurke
Conway, ein ehrgeiziger Irländer, dem Alles
recht war, wenn er persönlich nur viel Geld ver=
dienen konnte, faßten den Plan, eine Verschwö=
rung gegen den General Washington zu bilden,
um ihn gewaltsam des Oberbefehls zu entsetzen,
ja wohl gar gefangen zu nehmen oder zu tödten.
Glücklicherweise scheiterte dieser ganze wahnwitzige
Plan, der das größte Unglück über das ganze
Land gebracht und die amerikanische Union ent=
schieden wieder unter englische Botmäßigkeit ver=
setzt haben würde, gänzlich, und die drei verräthe=
rischen Generale wurden vom Heere verwiesen.
Nach meiner festen Ansicht hätte den drei Kerlen
eine Kugel vor den Kopf gebührt, und ich wollte
nur, daß mir das Commando übertragen wäre,
sie erschießen zu lassen. Wie ein Fels im Meer
stand aber bei allen diesen Cabalen, Intriguen,
Ränken und Schlichen, und all' dem Elend, der
Dummheit und Erbärmlichkeit, welche uns von al=
len Seiten umgaben, unser Washington da. Wahr=
lich, es war eine Freude, solchen Mann nur zu
sehen, und wenn er mir die Hand gedrückt und
einige freundliche Worte gesagt hatte, was stets

geſchah, wenn wir uns zufällig begegneten oder
ich Dienſtgeſchäfte bei ihm hatte, fühlte ich mich
immer ordentlich neu geſtärkt.

In dieſem Winter machte ich auch die Be=
kanntſchaft des jungen Marquis Lafayette, der
aus Frankreich herübergekommen war, um für
unſere Sache zu kämpfen. Er war ein ſehr ge=
wandter, lebendiger Mann mit einem geiſtreichen
Geſicht. Mir perſönlich wollte dieſer Lafayette
gerade nicht ſonderlich gefallen. Er war furcht=
bar eitel und ehrgeizig, und drängte ſich bei je=
der Gelegenheit ganz ungebührlich hervor, um
ja eine recht glänzende Rolle zu ſpielen und ſei=
nen Ruhm möglichſt laut auspoſaunen zu laſſen.
Dabei war er ungemein geſchwätzig und hatte
eine Zunge im Munde, die auch keinen Augen=
blick zu ruhen vermochte, ſondern unaufhörlich
in Bewegung ſein mußte. Was überhaupt dieſe
Franzoſen zu ſchwatzen vermögen und welchen
Lärm ſie in ihrer Unterhaltung machen, grenzt
wirklich oft an das Unglaubliche. Gute und ge=
wandte Soldaten ſind es häufig, obgleich wir
Deutſchen, und nun gar wir Preußen, es wahr=
haftig auch hierin vollkommen mit den beſten
Franzoſen aufnehmen können; ſonſt aber mag ich
ſie nicht leiden und ſuche ſie mir ſtets wo mög=

lich zehn Schritte vom Leibe zu halten. Wir
hatten jetzt viele französische Officiere in unserem
Heere, und es wäre undankbar, die sehr großen
Dienste aller Art, die sie unserer Sache stets lei=
steten, nur im minbesten verringern zu wollen,
aber persönlich waren mir die meisten von ihnen
gerade nicht sonderlich angenehm, und ich hatte
selten engeren Verkehr mit ihnen. Da waren
William Mason und der Baron von Steuben,
unsern edeln Washington gar nicht einmal zu
nennen, doch ganz andere Leute und ungleich
mehr nach meinem Geschmack, als dieser Mar=
quis Lafayette und seine anderen französischen
Kameraden.

Im Mai 1778 kam ich zuerst wieder in das
Feuer, und mein Bataillon, obgleich kaum fünf=
hundert Mann stark, hatte sich doch wenigstens
etwas erholt. Obgleich unsere Armee um ein
Bedeutendes schwächer als die feindliche war,
entschloß sich unser General Washington, gemäß
seines kühnen und energischen Charakters, doch
sogleich dazu, die Offensive zu ergreifen. Mein
Bataillon stand jetzt wieder unter dem General
Lee, der ausgewechselt worden war, und der zwar
viele Eigenmächtigkeiten im Kopfe hatte, im All=

gemeinen aber doch ein muthiger und umfichti=
ger Officier war.

Am 28. Juni hatten wir bei Monmouth ein
ziemlich heftiges Gefecht, bei dem auch mein
Bataillon ſtark in das engliſche Kartätſchenfeuer
kam und an vierzig Mann verlor. Meine Leute,
die jetzt ſchon viel Kriegserfahrung beſaßen,
ſchlugen ſich an dieſem Tage wirklich ſehr gut.
Der gegen uns commandirende engliſche Gene=
ral Clinton trat in der Nacht ganz unerwartet
den Rückzug an, obgleich er dies eigentlich gar
nicht nöthig gehabt hätte, ſo daß wir dieſes Ge=
fecht als einen Sieg betrachten konnten. Trotz
der furchtbaren Hitze, die ſo ſtark war, daß
manche Leute vom Sonnenſtich getroffen todt
zu Boden ſtürzten, verfolgte ich mit meinem Ba=
taillon am andern Morgen ſehr lebhaft die eng=
liſche Nachhut und nahm ihr viele Gefangene
ab. Auch fingen jetzt wieder von den heſſiſchen
und beſonders auch von den irländiſchen Sol=
daten ſehr viele zu deſertiren an, da der Con=
greß Jedem, welcher zu uns übergehen wollte,
ein Geſchenk von fünfzig Morgen unbebautes
Land verſprochen hatte.

Unſer General Lee, der leider das Gehorchen
nicht gelernt hatte, was doch zu den erſten Pflich=

ten jedes Soldaten, mag er nun niedrig oder
noch so hoch im Range stehen, gehört, beging
jetzt so große Insubordinationsvergehen gegen
den General Washington, daß er durch ein Kriegs=
gericht schmachvoll aus dem Dienste entlassen
werden mußte. Es that mir dies in mancher
Hinsicht leid, obgleich ich sehr gut einsah, daß
diese Strafe wohlverdient sei, „denn wer nicht
hören will, der muß fühlen," heißt es mit Recht.

Da der General Clinton Streifcorps nach
New=Jersey geschickt hatte, so ward ich mit mei=
nem Bataillon und einiger leichten Cavallerie
auch dahin gesandt, und wir führten dort einen
erbitterten kleinen Krieg gegen einander, bei dem
aber im Ganzen nicht viel herauskam. Leider
überboten sich die Engländer in Brutalitäten und
Grausamkeiten, plünderten die Wohnungen, zün=
deten ganze Ortschaften an, ja tödteten sogar
viele unschuldige und unbewaffnete Menschen.
Die Panduren und Kroaten haben während des
Siebenjährigen Krieges nicht so arg in Preußen
gehaust, als die Engländer in New=Jersey. So
verging das Jahr 1778 in lebhafter Weise, ob=
gleich keine Ereignisse von besonderer Bedeutung
vorkamen. Während meine Truppen bei West=
point ziemlich erträgliche Winterquartiere bezo=

gen, unternahm ich einen sehr beschwerlichen Ritt
nach meiner Pflanzung am Potomac in Virgi=
nien. Seit dem Jahre 1775 war ich nicht dort
gewesen und mußte nun doch einmal wieder einen
prüfenden Blick auf meine Wirthschaft werfen.
Meine Frau, welche nach der Heilung meiner
Wunde von Philadelphia wieder nach der Pflan=
zung zurückgekehrt war, verwaltete das Ganze
mit der größten Umsicht und Ordnung. Auch
drängte es mich mit fast unwiderstehlicher Ge=
walt, meine beiden kleinen Mädchen, die ich nun
schon seit ziemlich fünf Jahren nicht mehr ge=
sehen hatte, wieder einmal umarmen zu können.
Die lieben herzigen Dinger kannten mich im
ersten Augenblicke nicht wieder, warfen sich mir
aber dann mit voller Gewalt um den Hals und
bedeckten meinen Mund mit Küssen. Ueber solch
ein Familienwiederfehen geht doch nichts in der
Welt, und wer das Glück, eine geliebte Familie
zu besitzen, entbehren muß, der ist in meinen
Augen ein ganz armer Mann, und besäße er
auch sonst die Schätze des Großmoguls. Ich
blieb fast vier Wochen in meinem geliebten Fried=
richsburg und erfreute mich des lange ent=
behrten Familienlebens. Die Pflanzung hatte
in der Zeit meiner Abwesenheit sehr gelitten.

Der Tabaksbau stockte fast gänzlich, und die Ab=
gaben waren beinahe größer als die gesammten
Einnahmen.

Immerhin, wenn unsere nordamerikanischen
Staaten nur für die Zukunft von dieser eng=
lischen Gewaltherrschaft befreit wurden, so moch=
ten alle Einnahmen gern dafür geopfert werden,
denn solcher Verlust ließ sich leicht ersetzen und
später, nach wiedererlangtem Frieden, durch ver=
mehrte Thätigkeit wieder einholen. Mein ange=
legtes Gestüt hatte übrigens in diesen Jahren
recht gute Summen eingetragen, da, wie dies in
allen Kriegen der Fall ist, die Pferde sehr hoch
im Preise standen. Glücklicher Weise waren die
Engländer bisher noch nicht weit in Virginien
eingedrungen, denn sonst hätten sie mir wohl
kein Pferd gelassen. Nach schwerem Abschied
von Weib und Kindern schwang ich mich wieder in
den Sattel, und da ich mehrere Pferde als Re=
lais vorausgeschickt hatte, ritt ich fast in einem
Zuge vom Potomac bis nach Westpoint, wo ich
am 10. März 1779 wieder eintraf. Mein Ba=
taillon fand ich in erwünschtem Wohlsein, und
da viele Verwundete und ausgewechselte Gefan=
gene wieder darin eingetreten waren, so betrug
seine Stärke fast sechshundert Mann; damit ließ

sich denn schon etwas Tüchtiges ausrichten. Es war übrigens ganz infam, wie grausam die Engländer mit ihren Gefangenen umgingen und wie schlecht sie solche behandelten. Die armen Leute mußten in der Gefangenschaft hungern und frieren, lagen eng zusammengepreßt in den kalten, feuchten Kasematten der bei New-York von den englischen Truppen besetzten Forts, so daß sie bei ihrer Auslieferung stets wie die Gerippe aussahen. Seit ich wußte, daß die Engländer unsere Gefangenen so schlecht behandelten, übte ich auch das Wiedervergeltungsrecht und behandelte alle englischen Soldaten, und besonders die Officiere, die mein Bataillon gefangen nahm, ebenfalls schlecht, während ich gegen alle gefangenen Deutschen so freundlich als möglich war und ihnen ihr hartes Loos nach Kräften erleichterte. Waren die armen Kerle doch ohnehin schon beklagenswerth genug, daß sie, von ihren schuftigen Fürsten gezwungen, gegen uns fechten mußten, ohne gefragt zu werden!

Es war der Plan des Generals Washington, in dem Feldzuge 1779 den Engländern gegenüber vorerst eine Defensivstellung einzunehmen, mehrere Corps aber gegen die Indianer zu senden, um diese verdientermaßen sehr hart dafür

zu züchtigen, daß sie furchtbare Raubeinfälle in
das Gebiet der Vereinigten Staaten unternom=
men und dort mit Mord und Brand gewüthet
hatten. In ihrem Hasse gegen uns waren die
Engländer so weit gegangen, daß sie Agenten
an die auf unserer Nordgrenze wohnenden india=
nischen Stämme von Canada ausgesandt hatten,
um diese zu Raubeinfällen auf unser Gebiet zu
bewegen. Mit englischen Büchsen und Muni=
tion versehen, ja theilweise sogar von englischen
Officieren angeführt, waren diese Indianer nun
auf verschiedenen Stellen bei uns eingedrungen
und hatten, wie dies nun einmal die Sitte die=
ser Heiden ist, ganz scheußlich gehaust. Alle
Pflanzungen und kleinen Städte waren nieder=
gebrannt, und nicht allein die waffenfähigen
Männer, sondern auch die Weiber und Kinder
erbarmungslos niedergemetzelt worden. So et=
was forderte verdiente Strafe, und so brachen
wir im April 1779 unter dem General Sullivan
gegen die Indianer auf. Wir gingen über den
Fluß Susquehannah und rückten in das Gebiet
der Feinde ein. Es war ein ungemein müh=
seliger, an Strapazen reicher Feldzug, den wir
in den dichten Wäldern jener Gegend führen muß=
ten, und besonders gar für mein Bataillon, wel=

dies die Avantgarde bildete. An Nahrung hatten
wir kaum etwas Anderes, als was uns die Wäl=
der lieferten, und das Fleisch der von uns ge=
schossenen Eichhörnchen nebst wilden Beeren bil=
dete oft Wochen lang unsere einzige Speise.
Kleine Scharmützel gab es häufig, und wenn
auch die Indianer im freien Felde nirgends
Stand zu halten wagten, so waren sie in Wald=
gefechten doch keine ungefährlichen Gegner. So
erhielt ich bei einem solchen Gefecht von einem
Huronen einen Pfeilschuß in die linke Seite.
Zwar hatte die dicke Jacke von Büffelleder die
Kraft des Pfeiles sehr geschwächt, so daß er nur
meine Haut ritzte, nichtsdestoweniger fügte mir
diese unbedeutend scheinende Wunde viele Schmer=
zen zu, und ich habe mich niemals von ihren
übeln Folgen wieder ganz erholen können. Der
Pfeil war nämlich nach indianischer Sitte mit
dem Gifte einer Klapperschlange bestrichen wor=
den, und obgleich die Wunde gleich ausgeschnitten
und mit dem glühenden Ende eines Ladestocks
ausgebrannt wurde, so mußte doch wohl etwas
Gift in das Blut gedrungen sein, denn es ent=
stand eine schmerzhafte Geschwulst, die mir lange
Zeit viel Ungemach zufügte.

Wir drangen bis zum Flusse Tenessee in das

Gebiet der Indianer vor, und zerstörten alle
Dörfer und Niederlassungen, welche wir finden
konnten. Als unser Zweck erreicht war, gingen
wir wieder über den Susquehannah zurück. Die
Wunde hatte mich so geschwächt, daß ich jetzt
nothwendiger Weise einiger Erholung bedurfte.
So gab ich denn, so leid mir dies auch war,
den Befehl über mein Bataillon ab und ver=
brachte die Monate Juli und August in einem
Seebade an der Küste, wo ich mich sehr stärkte.
Uebrigens wäre ich bei dieser Gelegenheit fast in
die Gefangenschaft der Engländer gerathen, welche
mit ihren leichten Seeschiffen längs der Küste
umhersegelten, um Landungen vorzunehmen, die
Wohnungen der Bevölkerung zu verbrennen und
so viel zu plündern und zu rauben als möglich.
Selbst die Türken und Baschkiren können un=
möglich auf rohere Weise Krieg führen, als es
die Engländer, welche sonst immer so stolz auf
ihre Bildung sein wollen, in Nordamerika thaten.
So wurde denn auch der kleine Strandort, in
welchem ich wohnte, mitten in der Nacht von
einem Detachement auf einem Kriegsschiffe ge=
landeter englischer Matrosen plötzlich überfallen.
Kaum blieb mir noch so viel Zeit, um im Hembe
aus dem Fenster zu springen und querfeldein

mich flüchten zu können, denn ein Haufe Ma=
trosen war schon in die Thür des Hauses ein=
gedrungen. Nach ihrer gewohnten Art hatten
die Engländer arg in dem Dorfe gehauft und
alle Wohnungen der geflüchteten Einwohner er=
brochen, ausgeplündert und zerstört. Diesmal
traf sie aber die gerechte Vergeltung. Die Ma=
trosen hatten nämlich ein großes Faß Brannt=
wein gefunden und sich nach ihrer Sitte einen
so viehischen Rausch angetrunken, daß sie zu
jedem Widerstande unfähig wurden. Die aus
dem Dorfe geflüchteten Fischer hatten dies be=
merkt und baten mich nun, ihr Anführer zu
sein, um die betrunkenen Engländer zu über=
fallen. Ich zog mir nur ein Paar Wasserstiefel
und eine lange Fischerjacke an, denn eine Hose
war gar nicht zu bekommen, bewaffnete mich mit
einer Harpune, wie solche beim Walfischfang ge=
braucht wird, und drang nun an der Spitze von
zwanzig bis dreißig auf gleiche Weise bewaff=
neten Fischern in das Dorf ein. Die betrunke=
nen Matrosen wurden leicht überwältigt, und
nur ihr ebenfalls stark angetrunkener Officier
leistete einigen Widerstand. Er führte mit sei=
nem breiten Enterschwert einen mächtigen Hieb
nach meinem Kopfe, schlug aber glücklicher Weise

fehl, worauf ich ihm dann meine Harpune mit
solcher Gewalt durch die Brust stieß, daß die
Spitze zur andern Seite wieder herausbrang
und noch tief in eine Hausthür, neben welcher
das Gefecht stattfand, einfuhr. So war der
augenblicklich getödtete englische Seeofficier förm=
lich angenagelt, und ich hatte so kräftig gestoßen,
daß es mir kaum gelingen wollte, die lange,
scharfe Spitze der Harpune wieder aus dem Holze
herauszuziehen. Die Bewohner des Dorfes wa=
ren über die von den Engländern verübten Bru=
talitäten so ergrimmt, daß sie die gefangenen
Matrosen niedermetzeln wollten. Es gelang mir
nur mit Mühe, ihnen das Leben zu retten; doch
konnte ich es nicht verhindern, daß sie alle erst
ihre gehörige Tracht Schläge erhielten, bevor sie
in das Gefangenendepot abgeliefert wurden. Nun,
das schadete ihnen weiter nicht viel, an Schläge
ist so ein gemeiner Engländer schon gewöhnt,
denn im englischen Landheer und auf der Flotte
wird viel mehr und härter geprügelt, als dies
je in dem wildesten preußischen Freibataillone
vorkommen konnte.

Um diese Zeit geschah auch in unserem Heere
eine Schurkerei, die mich und alle anständigen
Officiere mit dem gerechtesten Zorn erfüllte. Der

Oberſt Arnold, unter deſſen Befehl ich zuerſt
1775 den kühnen Zug nach Quebeck unternom=
men hatte, und den ich ſtets als einen ſehr mu=
thigen und tüchtigen Officier beſonders hoch ge=
ſchätzt, war nämlich ein ſo ehrvergeſſener Schuft
geworden, daß er den Verräther machte und mit
den Engländern in geheimem Verkehr ſtand, um
ſie von allen unſeren Bewegungen zu unterrich=
ten und ihnen womöglich unſer befeſtigtes Lager
bei Weſtpoint in die Hände zu liefern. Nur
Habſucht brachte dieſen Arnold zu einer ſolchen
abſcheulichen Verrätherei. Er hatte ſtets hoch
geſpielt, ſehr gut gegeſſen und getrunken, und
einen Aufwand gemacht, der weit über ſeine
Mittel ging; dadurch war er ſo tief in Schulden
gerathen, daß er ſich für vieles Geld von den
Engländern erkaufen ließ. Ich wollte kaum
meinen Ohren trauen, als ich die Nachricht von
dieſer Schurkerei erhielt, aber ſie war jedoch nur
zu wahr und lieferte einen neuen Beweis, wie
tief ein Menſch durch Schuldenmachen und Ver=
ſchwendung ſinken kann.

Leider gelang es dem General Arnold, zu den
Engländern zu entfliehen, bevor er arretirt wer=
den konnte, ſonſt wäre er wohl an dem höchſten
Galgen, der in Nordamerika zu finden war, auf=

geknüpft worden. Was mußte wohl das edle
Herz unseres Washington leiden, wenn er von
solchen Schurkereien hörte! Und wie erbärmlich
benahmen sich überhaupt während des ganzen
Krieges nur zu Viele. Es zeigten sich Gemein-
heit, Habsucht, Kleinlichkeit und gänzlicher Mangel an jedem patriotischen Gefühl oft nur zu
sehr. Wahrhaftig, die Welt ist doch zu voll von
Halunken aller Art, und Nordamerika beherbergt
auch eine gute Zahl von ihnen.

Anfangs September übernahm ich nun wieder den Oberbefehl über mein Bataillon. Ich
war zwar so ziemlich hergestellt, allein von
diesem verdammten Pfeilschuß muß doch noch
Gift in meinem Körper zurückgeblieben sein,
denn meine einst so ungemein kräftige Gesundheit habe ich seit jener Zeit niemals wiederer-
langt.

Wenn auch schon früher die französische Flotte
uns häufig unterstützt hatte, so war doch jetzt
unter dem Grafen Rochambeau ein Corps fran-
zösischer Truppen gelandet und dies brachte unserer Sache den größten Vortheil. Diese Truppen waren gut uniformirt, bewaffnet und ausgerüstet, und wenn sie freilich auch keinen Vergleich
mit den preußischen Truppen unter Friedrich

dem Großen aushalten konnten, wie sich dies während des ganzen Siebenjährigen Krieges bei mehr als einer Gelegenheit herausgestellt hat, so waren sie dennoch den Engländern weit über= legen. Da ich die Franzosen nicht recht leiden kann, so vermied ich jede Gelegenheit, viel mit ihnen zusammenzukommen, und verkehrte im Gan= zen auch nur selten mit französischen Officieren. Einem jungen Vornehmen, so recht von der Sorte der Grafen und Marquis, wie sie in dem fran= zösischen Heere zu vielen Dutzenden umherlaufen und dem Ganzen immer mehr Schaden als Nutzen bringen, der sich über das häßliche, gar nicht uniformmäßige Aussehen der Amerikaner lustig machen wollte, sagte ich recht derb meine Mei= nung. Ich bemerkte ihm dabei, daß die schön geputzten Truppen nicht immer die besten seien, denn das hatten die französischen bei Roßbach zur Genüge bewiesen.

Es war mir ein sehr erwünschter Befehl, daß mein Bataillon im December des Jahres 1779 aus dem Lager bei Morristown nach Süd= Carolina abmarschiren mußte.

Der General Washington hatte die Nachricht erhalten, daß der englische General Henry Clin= ton die Absicht hege, die wichtige Provinz Süd=

Carolina zu erobern, und sandten un unter dem
General Lincoln 6000 Mann dahin ab. Man
nahm mit Recht die Bataillone, welche aus den
Südprovinzen rekrutirt waren, hierzu, da diese
die Hitze und die Lebensweise im Süden weit
besser vertragen können, als dies bei den Nord=
ländern der Fall ist.

Der Winter von 1779—1780 war selbst für
einen nordamerikanischen Winter ungewöhnlich
kalt, und wir hatten auf unserem Marsche an=
fangs sehr viel durch Kälte und Schnee zu lei=
den, bis wir in die südlicheren Gegenden ge=
langten. Hier war nun gleich ein viel milderes
Klima, welches meinen Virginiern mehr zusagte
als die Kälte im Norden. Wir standen nun
mehrere Monate an den Küsten Nord=Carolinas,
um eine feindliche Landung zu verhindern, und
es fiel während dieser Zeit nichts von Bedeutung
vor, da die Engländer sich ganz ruhig verhielten.

Im Frühling 1781 erhielt der Marquis
Lafayette das Obercommando über unser Corps,
und ich muß gestehen, daß mir dies nicht son=
derlich angenehm war, und ich lieber einem ame=
rikanischen als einem französischen General ge=
horchte. Da der General Washington es aber

so befohlen hatte, so war freilich nichts dagegen zu machen, als schweigend zu gehorchen.

Der Marquis Lafayette war gegen mich besonders artig, und als er hörte, daß ich ein geborener Preuße sei und als preußischer Officier den ganzen Siebenjährigen Krieg mit durchgemacht hatte, sagte er mir wiederholt viele Complimente über die preußische Armee und besonders auch über unsern König Friedrich den Großen, welchen er als den ausgezeichnetsten Monarchen der jemals eine Krone getragen hatte, bezeichnete.

Uebrigens machte der General hier seine Sache sehr gut und verstand mit solcher Geschicklichkeit gegen den englischen General Cornwalis zu manövriren, daß dieser trotz der großen Uebermacht, über welche er gebot, doch niemals etwas Rechtes ausrichten konnte.

Die Engländer waren an der Chesapeake-Bai gelandet und nun mit einer ziemlich starken Heeresmacht in die unteren Theile Virginiens vorgerückt. Es war dies eine sehr schwere Zeit für mich, denn die englischen Streifcorps brauchten nur noch zehn bis zwölf deutsche Meilen vorzubringen, so fiel auch meine Pflanzung in ihre Gewalt. Da ich als Rebellenofficier, wie

wir noch immer von den Engländern genannt
wurden, bekannt war, so konnte ich sicher darauf
rechnen, daß in diesem Fall meine Pflanzung
verheert und die Gebäude dabei niedergebrannt
wurden. So focht ich denn jetzt im eigentlichen
Sinne des Wortes um Haus und Hof, und ein
Gleiches war bei den meisten meiner Soldaten der
Fall. Ein erneuter Ansporn zur größten Thä=
tigkeit und der unausgesetztesten Kampflust lag
hierin für uns. Wir waren fast Tag und
Nacht auf den Beinen, und da wir die Gegend
sehr genau kannten, dazu auch von der Hitze
nicht so viel litten als die schwerbepackten, des
südlichen Klimas ungewohnten Engländer, so
bildeten wir ihre gefährlichsten Gegner. Die
sechsjährigen unausgesetzten Feldzüge, die wir
nun schon geführt hatten, verliehen ohnehin dem
größten Theil meiner Soldaten nicht geringes
Selbstvertrauen wie auch eine bedeutende Ge=
wandtheit, und so gaben wir denn ganz vortreff=
liche leichte Truppen ab, die sich in Virgi=
nien gar nicht besser wünschen ließen. Die
Büchsenkugeln meiner Scharfschützen haben hier
gar manchem feindlichen Soldaten und Officier
den Tod gegeben, und wir Lederjacken wa=
ren zuletzt so gefürchtet, daß unser bloße

Name schon Schrecken erregte. In keinem Feld=
zug während dieses ganzen Krieges hat mein
Bataillon auch nur annähernd so viel geleistet,
als während des Sommers von 1781 im un=
teren Virginien. Leider zerrütteten die schwe=
ren Strapazen und die unausgesetzte Thätigkeit
bei Tag und Nacht meine Gesundheit immer
mehr.

So fochten wir denn den ganzen Sommer
hindurch und hielten die Engländer so auf, daß
sie trotz ihrer Uebermacht doch nicht weiter in
Virginien einzubringen vermochten. Meine vor=
treffliche Frau, die sich während dieser ganzen,
auch für sie äußerst gefährlichen und beschwerli=
chen Zeit als eine wahre Heldin benahm, be=
suchte mich jetzt wiederholt auf ein oder zwei
Tage.

Im September 1781 langte auch unser Ober=
general Washington bei uns in Virginien an,
und seine Erscheinung erregte eine wahre Be=
geisterung bei allen unseren Truppen. Besonders
die Soldaten meines Bataillons waren mit
Recht doppelt stolz darauf, in Washington, der
ja auch ein geborner Virginier war, ihren spe=
ciellen Landsmann begrüßen zu können. Bei
dieser Gelegenheit besuchte der General Washing=

ton auch seine Pflanzung Mount-Vernon wie=
der, die er seit dem Frühling 1775, als er sich
zu dem Congresse begab, nicht mehr gesehen
hatte, so unausgesetzt wurde seine Zeit durch
seine Thätigkeit für das Wohl des Vaterlandes
in Anspruch genommen.

Wir hatten jetzt ein großes Lager vor Wil=
liamsburg bezogen, um diese wichtige Stadt zu
schützen, und hier traf Washington bei uns ein.
In seiner Begleitung befand sich der Graf Ro=
chambeau, der Oberbefehlshaber der Franzosen.
Ich erhielt somit Gelegenheit, diesen mit Recht so
sehr berühmten Kriegsmann zum ersten Mal zu
sehen, was bisher noch nicht der Fall gewe=
sen war.

Er machte einen in jeder Hinsicht sehr an=
genehmen Eindruck auf mich und trug seine
Eitelkeit lange nicht so sehr zur Schau und
schwatzte nicht so unaufhörlich, als dies leider
bei dem General Marquis Lafayette nur zu stark
geschah.

Die beiden englischen Generale Clinton und
Cornwallis hatten in dem kleinen Kriege, den
wir unausgesetzt während des ganzen Sommers
gegen sie führten, so viele Verluste erlitten, daß
sie von ihrem anfänglichen Plan, in Virginien

einzubringen, schon längst abgekommen waren.
Sie hatten die beiden Städte Yorktown und
Gloucester an den Ufern des Yorkflusses in Be=
sitz genommen und durch Wälle, Gräben und
Schanzen möglichst stark befestigt. Sie von
hier zu vertreiben, war nun der Plan des Gene=
rals Washington.

Am 30. September marschirten die nun ver=
einigten französischen und nordamerikanischen
Corps gegen diese Plätze, und es begann eine
förmliche Belagerung. Wir leichten Truppen
gehörten nicht zu der eigentlichen Belagerungs=
armee, sondern schweiften unausgesetzt umher
und hatten somit einen recht schweren Dienst.

Am 14. October waren die Belagerungsar=
beiten so weit fortgeschritten, daß zwei feind=
liche Schanzen erstürmt werden sollten. Um den
Eifer recht anzuspornen, wurden zur Erstürmung
der einen Schanze zwei Bataillone französische
Grenadiere, wahre Elitetruppen, zur Erstürmung
der andern Schanze aber zwei Bataillone leichter
nordamerikanischer Infanterie bestimmt. Zu
letzteren gehörte auch das von mir commandirte
Bataillon.

Es war ein heißer Kampf, denn die Eng=
länder vertheidigten ihre Schanzen mannhaft.

Von Ergeiz angetrieben, es den Franzosen gleich=
zuthun, fochten aber unsere nordamerikanischen
Bataillone an diesem Tage vortrefflich, und selbst
ein.altpreußisches Regiment hätte nicht geschlos=
sener vorgehen können, als dies heute mein Ba=
taillon that. Zwar verloren wir ziemlich viel
Leute, aber um elf Uhr Morgens wehte auch
unsere nordamerikanische Fahne bereits auf der
eroberten Schanze, während die Franzosen fast
eine halbe Stunde länger dazu brauchten, bevor
sie das Gleiche erreicht hatten.

Das war ein schöner Tag für uns, zumal der
General Washington später selbst in der er=
stürmten Schanze erschien, und in der würdigen,
gemessenen Weise, die ihn stets so rühmlichst
auszeichnete, uns eine kurze Dankrede hielt. Mir
reichte er noch besonders die Hand, und dies erfreute
mich so, daß ich darüber die Schmerzen eines
Kolbenschlages auf die linke Schulter, den mir
zuletzt beim Handgemenge in der Schanze noch
ein englischer Grenadier versetzt hatte, gänzlich
vergaß.

Einige Tage nach der Erstürmung dieser
Schanzen verlangten die beiden englischen Ge=
nerale, welche einsahen, daß sie sich in ihrer
Stellung nicht mehr zu halten vermochten, eine

18*

Capitulation. Am 19. October wurden uns York=
town und Glouceſter übergeben, und an ſieben=
tauſend Mann engliſche und heſſiſche Soldaten
nebſt vielen Officieren und ſehr bedeutendem
Heeresgeräth verſchiedener Art uns überliefert.
Solch einen glänzenden Sieg hatten wir wäh=
rend des ganzen Unabhängigkeitskrieges noch
nicht erfochten, ſo reiche Beute war von uns
noch zu keiner Zeit gemacht worden. Was wir
in ſechs langen ſchweren Jahren, umdrängt von
Ungemach und Widerwärtigkeiten, wo es wirk=
lich einer feſten Zuverſicht und eines ſtarken
Muthes bedurfte, um an dem endlichen Siege
unſerer gerechten Sache nicht zu verzagen, ſo oft
heiß erſehnten, nämlich einmal einen gehörigen
Hauptſieg über die Feinde zu erringen, erfüllte
ſich hierdurch auf die glänzendſte Weiſe.

Von dieſer Capitulation der engliſchen Ar=
mee bei Yorktown an datirte ſich auch ein gänz=
licher Umſchwung in der Stimmung vieler Nord=
amerikaner. Bis dahin war noch ein ſehr be=
deutender Theil der Bevölkerung im Geheimen
engliſch geſinnt, theils weil mannigfache Privat=
intereſſen ſie mit England verbanden, theils hatte
die Furcht, daß die Engländer zuletzt doch noch
ſiegen und dann Alle, welche für die Unabhän=

gigkeit gefochten hatten, als Rebellen hart be=
strafen würden, die Aengstlichen und Zaghaften
abgehalten, sich offen für uns zu erklären. Wahr=
haftig! wenn Georg Washington und andere
Männer seiner Partei nicht gewesen wären, so
hätten Kleinmuth, Verrath und Erbärmlichkeit nur
zu wahrscheinlich gesiegt und die nordamerika=
nischen Staaten müßten noch das harte, schwere
Joch einer vollständig abhängigen englischen Co=
lonie tragen. Von diesem Tage bei Yorktown
an trat aber ein sehr merklicher Umschwung ein.
Der Kleinmuth und die Verzagtheit schwanden
immer mehr, und es gab nur wenige Leute in
unserem Lande, welche jetzt noch daran zweifel=
ten, daß wir uns doch noch einen vollständigen
Sieg erringen würden. Die frühere stolze, fast
übermüthige Zuversicht, welche die Engländer
bisher auf den schließlichen Sieg ihrer Waffen
gelegt hatten, erhielt nun einen gewaltigen Stoß.

Unser Obergeneral Washington hatte die rich=
tige Ansicht, daß frische Fische auch gute Fische
wären, und man das Eisen schmieden müsse, so
lange es warm sei. So faßte er den Plan, noch
in diesem Jahre einen Angriff gegen Charleston
zu unternehmen, und setzte sich zu diesem Zwecke
mit dem französischen Admiral Grasse, der die

französische Flotte befehligte, in Verbindung.
Ein Theil von unseren Truppen sollte einge=
schifft und in Wilmington wieder an das Land
gesetzt werden. Auch mein Bataillon wurde zur
Einschiffung mit ausgewählt, zu welcher wir uns
schon rüsteten. Aber leider scheiterte dieser Plan
durch die Weigerung des Admirals Grasse, der
den Befehl aus Frankreich erhalten hatte, mit
seiner Flotte ungesäumt nach Westindien zu segeln,
und so ward aus dieser Expedition nichts, die
uns sonst wahrscheinlich den größten Nutzen ge=
bracht haben würde.

So bezogen wir denn anfangs November die
Winterquartiere, und mein Bataillon kam nach
Virginien zu liegen. Es war mir dies unge=
mein erfreulich, denn ich hatte nur sechs deutsche
Meilen zu reiten, um nach meiner Pflanzung
Friedrichsburg am Potomac zu gelangen, und
konnte somit häufig dort anwesend sein. Es
that auch dringend noth, denn wenn meine Frau
auch das Aeußerste in der Bewirthschaftung der
Pflanzung leistete, so war des Herrn Auge doch
nicht immer zu entbehren, zumal die Negerscla=
ven stets einer sehr strengen Aufsicht bedürfen,
wenn sie nur einigermaßen in Ordnung gehal=
ten werden sollen. Dazu hatte ein unredlicher

Verwalter, ein Irländer, den ich nur nothge=
brungen angenommen, weil ich bei dem Mangel
an Menschen keinen Besseren bekommen konnte,
sich arger Veruntreuungen schulbig gemacht, unb
war zuletzt noch mit hunbert Pfunb Sterling,
bie er unterschlagen, burchgebrannt unb zu ben
Engländern gegangen. Sehr empfinbliche Ver=
luste erlitten wir Pflanzer jetzt auch burch bas
ungeheure Sinken bes vom Congresse ausgege=
benen Papiergelbes, welches kaum für bie Hälfte
bes Werthes verausgabt werden konnte. So
waren benn meine pecuniären Verluste währenb
ber letzten Jahre nicht gering, unb es beburfte
voraussichtlich noch mancher harten Arbeit, um
bas wieber zu gewinnen, was ich verloren hatte.
Immerhin, erhielten wir nur balb einen ehren=
vollen Frieden unb unsere volle Unabhängigkeit,
gab Gott mir unb ben Meinigen bann nur Ge=
sunbheit, so konnte ich bas Verlorene schon wie=
ber einholen. Leiber fing es aber mit berselben
schon schlecht auszusehen an. Meine bis bahin
unerschütterlich feste Körperbeschaffenheit hatte
burch ben Schutz bes vergifteten inbianischen
Pfeiles einen so harten Stoß erhalten, baß sie
sich nie wieber ganz erholen konnte, unb ich,
früher kaum bem Namen nach wissenb, was eine

Krankheit sei, kränkelte jetzt sehr häufig. Im
Winter von 1780 auf 1781 erholte ich mich je=
doch wieder so weit, daß ich mit leiblichen Kräf=
ten dem nächsten Feldzuge beiwohnen konnte. Die
Anwerbungen zu demselben gingen aber äußerst
langsam vor sich, wie dies stets der Fall sein
wird, wenn man die Rüstungen und den Krieg
lediglich von dem guten Willen einer Bevölke=
rung abhängig macht. Viele Leute glaubten, es
sei nunmehr, seit wir ein Bündniß mit Frank=
reich geschlossen hatten und an zehntausend
Mann französische Truppen auf nordamerika=
nischem Boden standen, nicht mehr so nothwen=
dig, daß auch die Vereinigten Staaten fortwäh=
rend noch die gleichen Leistungen an Geld und
Menschen brächten wie früher, sondern man solle
den Franzosen nun das Meiste zu thun überlassen;
die wären ja Soldaten von Handwerk und wür=
den Alles schon am besten selbst besorgen. An=
dere meinten, daß die Engländer durch die em=
pfindliche Schlappe, die sie bei Yorktown erlitten
hatten, schon so erschüttert wären, daß sie be=
reits von selbst die Unabhängigkeit der Vereinig=
ten Staaten anerkennen würden, ohne daß es
noch fernerer Kämpfe hierzu bedürfe. Auch die
Maulhelden und Phrasenmacher im Congresse,

bie, so lange es uns schlecht gegangen war, wohl=
weislich geschwiegen hatten, fingen jetzt nach ge=
wohnter Art wieder an, großen Lärm zu machen
und lange Reden zu halten, als wenn dadurch
die Engländer aus unserem Lande vertrieben
werden könnten. Besonders die Nordstaaten,
welche überhaupt in ihren Leistungen während
des ganzen Kriegs den Südstaaten nachgestanden
hatten, wurden jetzt noch weit lässiger. Unter
allen Provinzen zeichnete sich übrigens Virginien
auf das rühmlichste aus, indem es mit größtem
Eifer und unausgesetzter Bereitwilligkeit so viel
Truppen und Geld lieferte, als es nur irgend
vermochte. Die virginischen Corps sind stets
am vollständigsten gewesen und haben das Meiste
geleistet, und es war nicht allein ein Zufall, daß
Washington und Mason geborene Virginier wa=
ren, sondern auch unter sämmtlichen Officieren
unseres Heeres zeigten sich gerade die Söhne
dieser Provinz am zahlreichsten vertreten und
waren am thätigsten.

Mein Bataillon, das schon wieder ganz voll=
zählig war — denn eine Menge junger Leute, die
früher noch nicht das gehörige Alter hatten, um
Kriegsdienste leisten zu können, waren während
des Winters eingetreten — verließ im März die

Winterquartiere, und wir marschirten nach New=
burg. Es kam aber nicht recht mehr zu Feind=
seligkeiten, denn die Engländer waren fast sämmt=
lich nach New=York zurückgegangen und hielten
diese wichtige Stadt besetzt. Ich war kaum einige
Wochen ausmarschirt, als mich das Unglück traf,
mit meinem Pferde zu stürzen und mir die Brust
zu beschädigen. Früher hätte solch ein Unfall
wohl nicht viel zu bedeuten gehabt, bei meiner
jetzigen, ohnehin schon so geschwächten Gesund=
heit warf er mich aber auf ein längeres Kran=
kenlager.

Ende August marschirten wir in langsamen
Märschen und ohne daß es zwischen uns und
den Feinden — unbedeutende Vorpostengefechte
abgerechnet — zu noch weiteren Scharmützeln
gekommen wäre, nach dem Hudson. Hier trafen
wir die Franzosen, welche sich anschickten, nach
Europa zurückzukehren, nachdem sie zwei und ein
halbes Jahr auf nordamerikanischem Boden ge=
wesen waren. Die meisten Franzosen sind mir,
wie gesagt, niemals sonderlich angenehm gewesen,
und ich habe so viel als möglich jeden näheren
Verkehr mit ihnen vermieden; allein dies soll
mich nicht abhalten, die großen Verdienste, welche
sie sich um die Unabhängigkeit der Vereinigten

Staaten erworben haben, mit dem aufrichtigsten
Danke anzuerkennen. Es ist meine feste Ueberzeugung, daß ohne die mächtige Hülfe Frank-
reichs unsere Selbstständigkeit niemals erreicht
wäre, denn ein großer Theil der nordamerikanischen Bevölkerung ließ es an der nöthigen
Energie nur zu sehr fehlen, und der Patriotismus zeigte sich lange nicht so allgemein in den
Thaten, als man dies billiger Weise hätte er-
warten sollen. Von großem Nutzen waren uns
besonders die kriegserfahrenen Officiere aller
Grade, welche Frankreich gesandt hatte. So
hat außer Washington und Steuben kein einziger amerikanischer General solche wichtige Dienste
geleistet, als die beiden Franzosen Rochambeau,
der Oberbefehlshaber der französischen regulären
Truppen, und Lafayette. Von der größten Wichtigkeit für uns war ferner der Beistand der französischen Kriegsflotte. Wenn solche auch weder
so gut noch so zahlreich als die englische war
und großen Seeschlachten gewöhnlich möglichst
aus dem Wege zu gehen suchte, so beschäftigten
die französischen leichten Kriegsschiffe die englischen doch sehr und lenkten sie von unseren
Küsten ab. Auch bei dem Transport von Kriegs-

material und Truppen leisteten die französischen
Kriegsschiffe uns oft den wichtigsten Nutzen.

Nachdem die Franzosen sich größtentheils in
Boston eingeschifft hatten, erhielt ich den Befehl,
mit meinem Bataillon abermals an die Grenze
der Indianer zu gehen, um einige Stämme, die
sich wiederholt feindselig gegen uns gezeigt hatten,
zu züchtigen. Mir war dieser Befehl zwar höchst
unangenehm, denn ich fühlte mich unwohl und
war des beständigen Krieges eigentlich schon sehr
überdrüssig, aber auf der andern Seite lag sowohl für mich wie für mein Bataillon eine Auszeichnung darin, daß man gerade uns zu dieser
Aufgabe auserwählt hatte. So führte ich denn
an den oberen Seen einen mehrmonatlichen kleinen Krieg mit den Indianern, wobei es zwar
keine großen Gefechte, aber desto mehr Strapazen und Beschwerden aller Art gab. Bei dieser
Gelegenheit bekam ich auch die großartigen Nia-
garafälle zu sehen, und war von dem imposan-
ten Eindrucke, den sie machten, wirklich über-
rascht.

Nachdem wir einige Hundert Indianer zusammengeschossen und mehrere Niederlassungen
zerstört, selbst aber an dreißig bis vierzig Mann
verloren hatten, kehrten wir im Januar 1782

in das Winterlager bei Newburg zurück. Wir
selbst waren während dieser kurzen Expedition
zwei Pferde unter dem Leibe erschossen, wie ich
denn überhaupt nun schon sieben Pferde, lauter
Hengste aus meinem eigenen Gestüt, während
dieses Krieges eingebüßt hatte. Hier in dem
Winterlager bei Newburg kam es nun noch zu
manchen unangenehmen Scenen.

Im Jahre 1780 hatte der Congreß allen
Officieren für ihre fernere Lebenszeit die Hälfte
ihres jetzigen Gehaltes versprochen; allein dies
Versprechen war so allgemein abgefaßt, daß es
später nicht gehalten zu werden brauchte. Ebenso
war man uns die Gage noch für mehrere Jahre
schuldig geblieben, und wir hatten fast nur Ab=
schlagszahlungen erhalten. Die schmutzige Knik=
kerei der Nordstaaten war größtentheils an die=
sem Uebelstande schuld. Die reichen Kaufleute und
Fabrikanten des Nordens und besonders in Penn=
sylvanien, Connecticut, Massachusetts und New=
York wollten weder selbst Kriegsdienste leisten,
noch erhöhte Steuern zahlen, sondern womöglich
alle Lasten auf die Schultern der Südstaaten
werfen. Diese echten Yankees sind äußerst hab=
gierige Gesellen und mit den ritterlichen und
muthigen Virginiern gar nicht zu vergleichen.

Als der Krieg voraussichtlich bald zu Ende
ging, vereinigten sich im Lager bei Newburg
eine Anzahl von Officieren aller Grade, die be=
sonders aus den Südstaaten gebürtig waren, und
setzten eine Denkschrift an den Congreß auf,
worin sie um Bewilligung und Festsetzung ihrer
gerechten Forderungen baten und im Weigerungs=
falle mit ihrem Gesammtaustritt drohten. Zwar
erkannte ich die Forderungen dieser Officiere
vollkommen an, allein ich weigerte mich doch, mei=
nen Namen unter dies Document zu setzen, als
ich hierzu aufgefordert wurde, was mir manche
Feindseligkeit zuzog, woran ich mich aber wei=
ter nicht viel kehrte. Die Gründe dieser Wei=
gerung waren, daß ich meinerseits ein solches
gemeinsames Drohen der Officiere, vereint ihren
Abschied zu nehmen, nicht für militärisch hielt,
zumal der Friede mit England noch gar nicht
abgeschlossen war, andererseits aber, weil ich
Washington dadurch nicht betrüben wollte, dessen
edler, uneigennütziger Sinn ungemein durch all'
diese Erbärmlichkeiten litt; und es gehörte ein
glühender Patriotismus dazu, um den gerechten
Zorn, den er gewiß gar oft empfinden mußte,
einigermaßen zu beschwichtigen. So mußte Wa=
shington sich denn abermals dazu hergeben, den

Vermittler zwischen diesen mit Recht unzufrie=
benen Officieren und dem schmutzig = geizigen
Congreß zu machen, und nach einer Reihe höchst
unerquicklicher Verhandlungen, wobei sich die
Nordländer am hartnäckigsten zeigten, den An=
forderungen der Gerechtigkeit zu genügen, gelang
es ihm endlich, das Ganze in friedlicher Weise
zu lösen. Der Congreß gab das feste Versprechen,
die Forderungen der Officiere, die genügend
befunden wurden, zu befriedigen, womit sich diese
auch beruhigten.

Im Mai 1782 begann unter vielen Officieren,
zu denen auch ich gehörte, sich der allgemeine
Wunsch zu regen, daß die republikanische Ver=
fassung der Vereinigten Staaten von Nordamerika
aufgehoben und diese zu einer Monarchie ge=
macht werden sollten, in der dann natürlich George
Washington der erbliche König sei. Wir waren
es müde, unter der Unfähigkeit und Uneinigkeit
dieses Congresses noch länger zu leiden, und
glaubten, daß sich für unser Vaterland die mo=
narchische Regierungsform weit besser als die
republikanische, welche den Schwätzern und In=
triguanten nur zu großen Spielraum gab, eignen
würde. Hätten wir nun unserem allgemein ver=
ehrten Obergeneral die Krone angetragen und

dieser sie auch angenommen, so leidet es keinen
Zweifel, daß die Vereinigten Staaten zu einer
Monarchie erhoben worden wären. Es gab keine
Macht, die sich dem Heere zu widersetzen ver=
mochte, und dieses hätte damals in seiner weit
überwiegenden Mehrheit mit Freuden Washington
zum König von Nordamerika proclamirt.

Als eine Deputation von Officieren sich zu
unserem Obergeneral begab, um mit ihm eine ver=
trauliche Unterredung über dies Project zu hal=
ten, lehnte er es aber mit der größten Entschie=
denheit ab und verwies den Herren auf das ernst=
lichste ihr Vorhaben. Er erklärte, daß er ein
aufrichtiger Republikaner sei, somit auch die re=
publikanische Verfassung für Nordamerika am
geeignetsten halte. Damit zerfiel natürlich sofort
das ganze Project, denn wenn unser Obergeneral
die Krone ausschlug, konnte solche selbstverständ=
lich kein Anderer bekommen.

Ich bin weit davon entfernt, den General
Washington nur im allerminbesten darüber ta=
deln zu wollen, daß er die ihm angetragene
Königswürde ausschlug, denn er steht in jeder
Hinsicht viel zu hoch über mir, und mußte es
selbst am besten wissen, was ihm und dem Lande
frommte; aber mein aufrichtiges Bedauern kann

ich) doch nicht unterdrücken, daß die Vereinigten
Staaten von Nordamerika eine Republik geblie=
ben, statt daß sie eine Monarchie unter George
Washington geworden sind.

Im Spätherbst 1782 erhielt ich den mir sehr
erwünschten Auftrag, mich in das große Depot
der gefangenen Churhessen, unweit Winchester in
Virginien, zu begeben und möglichst viele von
ihnen dazu zu bewegen, sich nicht wieder auswechseln
zu lassen, sondern als Colonisten in Nordamerika
zu bleiben, worauf dann jeder eine bestimmte
Zahl Morgen aus den Staatsländerein und außer=
dem noch einen kleinen Vorschuß an Geld, um
eine Wirthschaft zu gründen, erhalten sollte. Es
fehlte unserem Lande nur zu sehr an einer ge=
nügenden Anzahl von tüchtigen und kräftigen
Ansieblern, und Jeder, der hierzu gewonnen
wurde, trug zur Vermehrung unseres Wohlstan=
des bei. Dazu hatten wir in unserem achtjähri=
gen Unabhängigkeitskampfe schon eine bedeutende
Anzahl kräftiger Männer und Jünglinge einge=
büßt, so daß es von rüstigen Wittwen und hüb=
schen Jungfrauen, die gern geheirathet hätten,
aber keine Männer finden konnten, wimmelte.
Unter allen Colonisten waren aber die arbeit=
samen, mäßigen und an ein zufriedenes Familien=

leben gewöhnten Churhessen, wie überhaupt die
Norddeutschen, entschieden die besten. Das wa=
ren ganz andere Leute, als diese rohen, versoffe=
nen Engländer, unzuverlässigen Irländer oder
veränderungslustigen und vergnügungssüchtigen
Franzosen, ja selbst als die Süddeutschen, die
auch häufig nur allzu gern im Wirthshause hin=
ter dem Schoppen sitzen lieben.

Ich stellte nun diesen churhessischen Gefan=
genen vor, wie viel besser ihr zukünftiges Loos
sein würde, wenn sie bei uns als freie Männer
blieben, hier ihre Familien gründeten und eige=
nen Acker bebauten, als wenn sie nach Churhessen
zurückkehrten, sich dort von ihrem schuftigen Chur=
fürsten schinden und plagen und bei der ersten
besten Gelegenheit wieder als Soldaten an fremde
Fürsten verkaufen ließen. Meine Reden fanden
vielen Anklang, und aus diesem einzigen Gefan=
genendepot erklärten über vierhundert Soldaten
und sieben Officiere, daß sie nicht wieder in ihre
Heimath zurückkehren, sondern gleich als unab=
hängige Colonisten in Nordamerika bleiben woll=
ten. Andere wollten erst in ihr Vaterland, dort
ihre Familien besuchen, ihre Vermögensverhält=
nisse ordnen, häufig auch ihre zurückgelassenen
Bräute heirathen und dann wieder in die Ver=

einigten Staaten von Nordamerika zurückkehren.
So sind mindestens 2000 frühere churhessische Sol=
baten, die als Feinde gegen ihren Willen zu uns
kamen, als friedliche Ansiedler durch eigenen
Willen bei uns geblieben, was für sie wie für
uns entschieden das Beste war.

Ich habe es mir, so lange ich in Nordame=
rika lebte, mit zur größten Pflicht gemacht, die
Ansiedlung von deutschen Colonisten, so viel ich
nur konnte, zu befördern und diese, so weit es
in meinen Kräften stand, mit Rath und That
zu unterstützen. Und nun besonders, wenn es
Preußen oder gar Pommern waren, die in dem
Heere unseres großen Preußenkönigs als Sol=
baten gedient hatten, fühlte ich mich doppelt ver=
pflichtet, sie möglichst zu unterstützen. Es war
mir immer eine ganz besondere Freude, wenn ich
sah, daß deutsche Colonisten in unserem Lande
vorwärts kamen und sich durch ihre eigene Thä=
tigkeit einen behaglichen Wohlstand und eine zu=
friedene Häuslichkeit zu gründen vermochten.
Und wie oft habe ich diese Freude gehabt! Für
gesunde, kräftige Menschen, die an Thätigkeit
gewöhnt sind, giebt es gar kein besseres Land
als unser Nordamerika; das ist meine feste Ueber=
zeugung.

19*

Im März 1783 kehrte ich wieder in unser
Lager zurück, um den Befehl über mein Batail=
lon, von dem aber weit über die Hälfte aller
Officiere und Soldaten sich auf Urlaub befand,
zu übernehmen. Daß es nochmals zu Feinb=
seligkeiten kommen würde, glaubte Niemand, und
so erhielten denn viele Soldaten und Officiere,
die es wünschten, Urlaub in ihre Heimath. Wa=
ren doch schon manche von ihnen über acht
Jahre nicht mehr in dem Kreise ihrer Familie
gewesen.

Am fünfzehnten April kam die sichere Bot=
schaft, daß in Paris ein Friedensschluß zwischen
England und den Vereinigten Staaten von Nord=
amerika unterzeichnet und deren Unabhängigkeit
vollständig anerkannt sei, zuerst in unser Lager.
Es war ein Jubel, eine Freude, wie ich solche
noch niemals erlebt hatte. Selbst ergrauten
Soldaten traten die Thränen der Rührung in
die Augen, und persönliche Feinde fielen sich in
die Arme, vergaßen ihre Feindseligkeiten und
wurden warme Freunde, so groß war die allge=
meine Begeisterung über diese wichtige Botschaft.

Unterm neunzehnten April ward diese Nach=
richt im Lande officiell verkündet, nachdem
auch der Befehlshaber des englischen Heeres in

New-York die Depesche an unsern Oberbefehls=
haber Washington gesandt hatte, daß er von sei=
ner Regierung den Befehl erhalten habe, die
Stadt zu räumen und an uns zu übergeben.
So hatten wir denn endlich, nach achtjährigen
Kämpfen und Anstrengungen aller Art, unser
schönes Ziel vollständig erreicht: die Vereinigten
Staaten von Nordamerika waren gänzlich von
der englischen Fremdherrschaft befreit und hatten
ihre Unabhängigkeit gewonnen. Es war viel
Blut in diesem achtjährigen Kampfe geflossen,
und die Opfer an Geld und Gut für diesen
Zweck waren nicht gering. Besonders die Süd=
staaten hatten sich durch ihren Patriotismus in
hohem Grade ausgezeichnet und die Nordstaaten
hierin sehr beschämt. In rein militärischer Hin=
sicht war übrigens dieser ganze Krieg in Ver=
gleich zu dem Siebenjährigen Kriege unter Fried=
rich dem Großen nur sehr unbedeutend, und so
viel Opfer, um sich seine Unabhängigkeit zu be=
wahren, wie das preußische, brauchte das nord=
amerikanische Volk niemals zu bringen. Die
größte Macht, welche jemals gegen uns kämpfte,
waren kaum 40,000 Mann zusammen, und in
den blutigsten Schlachten, welche wir schlugen,
fielen auf jeder Seite kaum 300 Mann, und sie

wären im Siebenjährigen Kriege nur als Schar=
mützel bezeichnet worden. Solche Schlachten,
wie der König Friedrich der Große mit seinen
Preußen schlug, hätten wir nun und nimmer=
mehr zu schlagen vermocht, da fehlte unseren
Officieren die nöthige Erfahrung und den Sol=
daten die Disciplin.

Als der Friedensschluß bekannt wurde, löste
sich auch allmählich mein Bataillon gänzlich auf,
da die meisten Soldaten wie Officiere wieder
nach Virginien zurückgingen. Bevor dies geschah,
hatte ich noch die große Freude, daß die Officiere
mir einen schönen Ehrensäbel mit einer Inschrift
und die Soldaten einen silbernen Trinkhumpen,
den sie in Boston hatten verfertigen lassen, als
Erinnerungsgeschenk überbrachten. Auch eine
große Dankadresse, die Alle unterschrieben, er=
hielt ich, worin mir das Zeugniß gegeben ward,
daß ich zu ihrer Aller Zufriedenheit das Batail=
lon an sechs und ein halbes Jahr geführt habe.
Und doch hatte ich stets in dem Rufe gestanden,
ein sogenannter strenger Officier zu sein, und
war, so viel dies nur immer in meiner Macht
.gelegen, bestrebt, die Suborbination und Disci=
plin, die nur zu Vieles bei uns zu wünschen
übrig ließen, möglichst kräftig zu handhaben.

War mir von Seiten meiner Feinde und aller
Unzufriedenen doch häufig schon vorgeworfen
worden, ich sei ein Gamaschenknecht und Drill=
meister, und wohl tauglich, knechtische Preußen,
aber keine freien Nordamerikaner zu befehligen.
Natürlich, daß ich mich durch solchen Unsinn in
dem, was ich für Recht erkannt, auch nicht im
allerminbeſten ſtören ließ und zuletzt doch die
Genugthuung hatte, daß meine Art und Weiſe
für richtig befunden wurde und viele Nachahmer
erhielt.

Ich hatte nun anfänglich auch die Abſicht,
mein Commando niederzulegen und mich nach
meiner Pflanzung in den Kreis meiner Familie,
wohin mein Herz mich ſchon ſo lange zog, zu
begeben; allein der General Waſhington wünſchte
bringend, daß ich noch einige Monate im Lager
von Weſtpoint bleiben und bei der Auflöſung
der Armee, wobei es ſtets noch eine Maſſe von
Geſchäften zu beſorgen gab, mitwirken möge;
hatte ich ſchon ſo viele Opfer gebracht, ſo konnte
ich auch das kleine Opfer bringen, noch einige
Monate länger im Dienſte zu bleiben, zumal
mich das Vertrauen, welches der Obergeneral in
meine Fähigkeiten ſetzte, hoch ehrte, und ich die=
ſem edlen Manne ſo gern jede Gefälligkeit, die

ich nur irgend konnte, erwies. So blieb ich denn
noch den ganzen Sommer von 1783 im Lager
von Westpoint und half Rechnungen ordnen,
Abschiedsgesuche ausstellen oder gerechte Forderungen der Officiere und Soldaten, so viel ich
nur irgend konnte, befriedigen, die ungerecht-
fertigten aber mit Entschiedenheit zurückweisen,
unbekümmert darum, ob ich mir dadurch Feinde
machte oder nicht. Ungerechte Anforderungen
traten aber nur zu oft auf, denn Habsucht, Ge-
meinheit und Unredlichkeit machten sich häufig
gar zu breit. So viel ich nur konnte, suchte ich
mich übrigens bei dieser Auflösung der Armee
und bei Abwickelung der Rechnungen und Forderungen auch meiner deutschen Landsleute, von
denen in unserem Heere eine große Menge gedient, und die stets mit zu den besten Soldaten gehört hatten, anzunehmen und sie vor
der Betrügerei der Amerikaner zu schützen.

Der Mangel an der nöthigen Zahl von
Transportschiffen hatte bisher noch immer die
Räumung New=Yorks von Seiten der Engländer verzögert. Es war mit Recht von dem
Congresse der Vereinigten Staaten die Bestim-
mung getroffen worden, daß alle geborenen Nord=
amerikaner, welche während dieses Krieges offen-

kundig auf Seiten der Engländer gewesen waren,
mit diesen zusammen das Land verlassen sollten,
da ihr ferneres Verbleiben bei uns nur zu Stö=
rungen und Mißvergnügen hätte Veranlassung
geben können. So mußten denn eine Menge
angesehene Personen, besonders aus den Nord=
staaten, wo die englischen Sympathien stets viel
lebhafter als in den Südstaaten gewesen waren,
jetzt auswandern, und diese hatten sich vorläufig
nach New=York begeben und warteten auf Trans=
portschiffe, die sie mit ihrem beweglichen Eigen=
thum von dannen fahren sollten. Es traten
dadurch immer Verzögerungen über Verzögerun=
gen ein, und erst zum 25. November konnte der
Tag der feierlichen Uebergabe und des Einzuges
von dem General Washington in New=York fest=
gesetzt werden. Der General hatte die große
Freundlichkeit, mich aufzufordern, diesen Einzug
in seinem besondern Gefolge mitzumachen, und
mit Freuden folgte ich solcher ehrenhaften Ein=
ladung.

Um ein Uhr Mittags versammelte sich der
General Washington mit seinem Stabe am oberen
Ende der Stadt New=York, um die Meldung ab=
zuwarten, daß die letzten britischen Soldaten
ihre Posten geräumt und sich auf die zu ihrer

Einschiffung bereit liegenden Transportschiffe
begeben hätten. Wie immer sah Washington
ernst und würdevoll aus; doch lag in seinen
schönen, klaren Augen ein Gefühl des Glücks,
daß Gott, der Lenker aller Heerschaaren, ihm ge=
währt hatte, einen solchen Tag zu erleben. Als
er mich erblickte, kam er auf mich. zugeritten,
gab mir die Hand und sprach freundlich: „Die=
ser Tag muß die acht schweren Jahre, die wir
zusammen verbrachten, wieder ausgleichen und
kann dies auch vollkommen. Wie glücklich sind
wir Beide, daß wir erleben durften, wie der letzte
englische Soldat den Boden von Nordamerika
verließ, um ihn hoffentlich niemals wieder zu
betreten."

In dem Augenblick kam ein Adjutant ange=
sprengt und meldete, daß die letzten englischen
Soldaten sich im Hafen von New=York einge=
schifft hätten.

„Wohlan denn, meine Herren, reiten wir
mit Gott dankbarem Herzen in die größte und
wichtigste Stadt der Vereinigten Freistaaten
von Nordamerika ein!" sprach der General Wa=
shington nun und setzte die selbstgezogene licht=
braune Stute edler virginischer Race, sein Lieb=
lingsroß, das er während des ganzen achtjähri=

gen Krieges stets bei sich gehabt hatte, in Bewegung.
Neben ihm ritt der General Clinton, der Gou=
verneur des Staates New=York, dann folgten die
Behörden der Stadt, und darauf der General
Knox, der zuletzt die Truppen im Lager von
Westpoint befehligt hatte, und hinterdrein etwa
120 Stabsofficiere, unter denen auch ich mich
befand. Eine Schwadron leichter Dragoner schloß
den Zug, der sich unter dem Glockengeläute von
allen Kirchthürmen der Stadt und dem fast be=
täubenden Hurrahgerufe der gesammten Bevölke=
rung langsam in Bewegung setzte. Von den
meisten Häusern wehten Flaggen mit den Far=
ben der Vereinigten Staaten, und in den Fenstern
standen, Kopf an Kopf, Damen im besten Anzuge,
die mit den Taschentüchern wehten oder uns
Kränze und Blumensträuße, so gut sie nur eben
im November zu haben waren, vor die Pferde
warfen, so daß diese fast aufscheuten. Wohl mög=
lich, daß bei einer großen Zahl von angesehenen
Familien dieser Jubel nicht so recht aus dem
Herzen kam, denn in New=York, das stets die
lebhaftesten Handelsbeziehungen mit England
besaß, waren mehr als in einem andern Orte
der Union, besonders unter den wohlhabenden
Kaufleuten, sehr stark ausgeprägte englische

Sympathien vorhanden, doch hielten es Alle für
gerathen, gute Miene zu machen und eine leb=
hafte Freude über unsern Einzug wenigstens zu
erheucheln.

So war unser Festeinzug in New=York ein
Tag des Jubels und der Freude, den ein großes
Gastmahl, welches der Gouverneur Clinton uns
Allen gab, beschloß.

Am 4. December versammelte der General
Washington alle Officiere noch einmal um sich
in dem großen Saale von New=York und hielt
eine bewegte Rede, in der er von uns Allen
Abschied nahm. Er füllte sein Glas mit Wein
und sprach auf Englisch die mir unvergeßlich ge=
bliebenen Worte, die, in das Deutsche übersetzt,
etwa lauten mögen: „Mit einem dankbaren
Herzen voll Liebe und Freundschaft nehme ich
jetzt den letzten Abschied von Euch Allen, und
bitte Gott, daß er Eure späteren Tage eben so
freudvoll und beglückt sein lasse, als Eure frühe=
ren rühmlich und ehrenvoll waren. — Ich kann
jetzt nicht zu jedem Einzelnen gehen, um ihm
Lebewohl zu sagen; aber es wird mich sehr freuen,
wenn Jeder von Euch zu mir zum letzten Hände=
druck kommt.“ Wir gingen nun alle der Reihe
nach zu unserem edlen Führer, und Jeder um=

armte ihn innig. In dem Augenblick blieb kein
Auge im ganzen Saale trocken, und ich glaube,
daß diese Thränen uns Allen keine Schande
machten.

Der General verließ nun stumm den Saal,
um sich aus dem Gasthause zu Fuß nach dem
Hafen zu begeben; wir anwesenden Officiere
folgten ihm in langsamem Zuge mit vor Schmerz
gesenkten Häuptern. Im Hafen lag eine Barke,
die ihn nach Paulus=Hock bringen sollte. Als
er an deren Bord war, winkte er noch einmal
schweigend mit seinem Hute zum Abschied, und
auf gleiche Weise erwiederten wir, ebenfalls
schweigend, diesen Abschiedsgruß. Zu sprechen
vermochte Niemand von uns, dazu war uns
Allen das Herz zu schwer.

Sowie unser Obergeneral das Heer ver=
lassen hatte, litt es mich auch keinen Tag mehr
bei demselben, denn nur zu lange war ich von
meiner Familie und der Plantage getrennt ge=
wesen. Ich bestieg mein Pferd, und von mei=
nem treuen Reitknechte — einem Preußen, der
mir nun schon sechs Jahre wacker gedient hatte
— gefolgt, ritt ich, so schnell es nur gehen
wollte, nach Virginien zurück. Gerade am Neu=
jahrstage 1784 kam ich in meinem geliebten Fried=

richsburg wieder an und konnte mein treues
Weib und meine beiden Töchter, die inzwischen
zu hübschen, stattlichen Mädchen herangewachsen
waren, an die Brust drücken. Es geht doch
nichts über das Wiedersehen einer geliebten Fa=
milie!

Mit Freuden zog ich jetzt den Soldatenrock,
den ich im Dienste meines neuen Vaterlandes
fast neun Jahre unausgesetzt getragen hatte, aus
und vertauschte den Degen mit den friedlichen
Werkzeugen des Ackerbaues. Es that auch drin=
gend noth, daß ich endlich heimkehrte, um mich
meiner Wirthschaft wieder kräftig anzunehmen,
denn diese hatte besonders in den letzten Jahren
ungemein gelitten. Auch war viele französische
Einquartierung auf meiner Pflanzung gewesen,
welche nicht allein einen höchst verderblichen Ein=
fluß auf die Neger, sondern in erhöhtem Grade
auch auf alle meine weißen Dienstleute geübt
hatte. Besonders das weibliche Personal der
Pflanzung war gänzlich verwildert; denn wo
französische Truppen nur eine kurze Zeit gehaust
haben, da kann man sicher sein, daß sie verderb=
liche Spuren ihrer Frivolität, Unmoralität und
sonstigen Lüderlichkeit in nur zu reichem Maße
zurücklassen.

Da mein Schwiegervater im Jahre 1782 ge=
storben war und ein sehr bedeutendes Vermögen
hinterlassen hatte, ich jetzt auch vom Congresse
den fünfjährigen Betrag meiner Oberstengage
statt der Pension ausgezahlt erhielt — freilich
in Papiergeld, was äußerst niedrig im Course
stand — so war ich nach nordamerikanischen Be=
griffen ein ganz wohlhabender Mann und durfte
hoffen, meinen Kindern ein Erbtheil hinterlassen
zu können, was ihre Unabhängigkeit vollständig
sicherte.

Es hieß nun aber, sich mit Fleiß und An=
strengung auf's Neue der Wirthschaft widmen,
um so die schweren Versäumnisse der letzten
Jahre möglichst wieder nachzuholen. Mit wahrer
Freude hätte ich dies nun auch gethan, wenn
nur meine Gesundheit eine bessere gewesen wäre.
Die vielen, oft recht schweren empfangenen Wun=
den, und die Strapazen während des Siebenjäh=
rigen Kriegs in Preußen sowie der sieben Feld=
züge in Nordamerika, ließen nur zu viele böse
Folgen zurück, welche jetzt, wo die Aufregung
des Krieges beschwichtigt war, immer mehr her=
vortraten. So war ich kaum sechs Wochen zu
Hause, als eine alte Fußwunde, noch vom preu=
ßischen Dienste herrührend, wieder aufbrach und

mich längere Zeit an das Zimmer fesselte. Diese
nothgedrungene Muße benutzte ich denn nun auch,
um meine Lebensbeschreibung aufzusetzen. Zwar
wußte ich nicht, ob einer meiner beiden Brüder
noch lebte — denn auch von meinem zweiten
Bruder hatte ich seit der Prager Schlacht kein
Lebenszeichen wieder bekommen, und mehrere
Briefe, die ich ihm geschrieben, waren verloren
gegangen — allein ich dachte doch, daß irgend
ein Verwandter von mir in Preußen leben würde.
Diesem wollte ich dann durch Vermittelung der
Gesandtschaft eine Abschrift meiner Lebensbe=
schreibung senden, damit solche in unsere alte
Familienchronik, die hoffentlich noch fortgesetzt
wurde, mit aufgenommen werden könne. Leb=
haft erinnerte ich mich, welch' Vergnügen es
uns Jungen stets gewährte, wenn der Vater
uns in den Winterabenden aus dieser Chronik
vorlas, und wie andächtig ich besonders zuhörte,
sobald Kriegs= und Reiseabenteuer mancher mei=
ner Vorfahren beschrieben wurden. Nun glaube
ich aber, daß ich selbst gar Vieles erlebt habe,
was der Mühe der Aufschreibung verlohnt, so
daß vielleicht Mancher aus meiner Familie in
Deutschland künftig mit Interesse von meinen
Erlebnissen sowohl im Siebenjährigen Kriege,

als in dem jetzt beendeten nordamerikanischen Frei=
heitskampfe lesen wird. So schrieb ich denn
mit wahrem Vergnügen an dieser Lebensbeschrei=
bung, und es gewährte mir Zerstreuung, wenn
mich meine Wunden an das Zimmer fesselten.

Erst gegen Ostern 1784 fühlte ich mich so
weit wieder gesund, daß ich mein Pferd bestei=
gen und dem General Washington auf seiner
Pflanzung Mount=Vernon einen freundschaft=
lichen Besuch abstatten konnte. Wahrlich, wenn
etwas meine Hochachtung vor diesem seltenen
Manne, wie kaum die Welt jemals einen zwei=
ten der Art besaß, zu erhöhen vermochte, so war
es die Art und Weise, wie er jetzt auf seiner
Pflanzung lebte. Alle die zahllosen Ehrenbezei=
gungen, die ihm aus Europa und Nordamerika
seiner errungenen Erfolge wegen zu Theil wur=
den, hatten ihn nicht im mindesten stolz und
eitel gemacht. Er hatte alle Belohnungen, die
ihm der Congreß bewilligte, gänzlich ausgeschla=
gen, und nur die Vergütungen der baaren Aus=
lagen, die er während seiner fast neunjährigen
Thätigkeit als Obergeneral sämmtlicher Armeen
der Vereinigten Staaten Nordamerikas gehabt,
beansprucht, weiter aber kein Pfund angenommen.
Freilich war Washington durch sein eigenes be=

trächtliches Vermögen ein sehr wohlhabender
Mann; allein ich glaube kaum, daß in ähnlichen
Fällen viele Menschen auf gleich großmüthige
Weise gehandelt haben würden. Wie beschämte
er durch sein Beispiel alle jene habgierigen
Menschen, die das Geld als den höchsten Abgott
ihres Lebens ansehen, von denen es in unserem
Lande in nur zu großer Zahl wimmelt.

Hier in Mount=Vernon lebte der General
Washington nun wieder als ein einfacher wohl=
habender Pflanzer. Er stand schon mit Tagesan=
bruch auf, führte den ausgebreiteten Briefwechsel,
den er hatte, besorgte seine Rechnungen, und be=
stieg dann gewöhnlich gegen neun Uhr Morgens
seine treue lichtbraune Stute, um durch seine wei=
ten Besitzungen zu reiten. Solche Ritte dauerten
gewöhnlich drei bis vier Stunden, worauf er zu
Hause kam, sich umkleidete und ein gutes, aber
sehr einfaches Mittagsbrot von drei bis vier Ge=
richten aß. Gewöhnlich waren fremde Gäste dabei
zugegen, denn Mount=Vernon war jetzt ein sehr
besuchter Ort, zu dem Europäer wie Amerikaner
förmlich wallfahrteten. Hier machte Mistreß
Washington, die überhaupt eine in jeder Hinsicht
vortreffliche Frau war, auf die liebenswürdigste
Weise die Wirthin des Hauses, und suchte ihrem

Manne alle Lasten, die aus einem so ausgedehn=
ten Fremdenbesuche entsprangen, möglichst abzu=
nehmen; allein Washington klagte doch oft, daß
ihn diese gar zu vielen Fremden häufig beläftig=
ten und die Ruhe und Zwanglosigkeit seiner Häus=
lichkeit störten. Ich kann mir dies recht lebhaft
vorstellen, denn nach meinem Geschmack giebt es
nichts Unangenehmeres und Störenderes, als gar
zu viel in seiner Häuslichkeit von Fremden be=
sucht zu werden. So ein Gegenstand des allzu
großen öffentlichen Interesses zu sein, muß nach
meinem Sinn gar keine Annehmlichkeiten, son=
dern im Gegentheil sogar recht viele Unannehm=
lichkeiten haben.

Von Aufwand war in Mount=Vernon gar
keine Spur zu finden, und Alles ging zwar äußerst
anständig, aber auch sehr einfach dort zu. Gar
mancher reiche Kaufmann in New=York, Baltimore,
Philadelphia und den übrigen Hafenstädten hatte
in seinem Haushalte ungleich mehr Luxus, als
der frühere Oberbefehlshaber des Heeres, von
dessen Willen es allein abhängig gewesen war,
der König von Nordamerika zu werden. Fünf
oder sechs alte Hausneger, die, wie alle Neger=
sclaven zu Mount=Vernon, sehr gut gehalten
wurden, bildeten die ganze Dienerschaft. Nur auf

20 *

edle Pferde legte Washington vielen Werth, und
hatte stets acht bis zehn sehr hübsche Reitpferde,
die denn auch von seinen vielen Besuchern benutzt
wurden. Seine Lieblingsbeschäftigung war Gar=
tenbau, besonders Baumpflanzungen, und er be=
mühte sich vorzugsweise, auch die Umgebungen
seines Hauses mit hübschen Gartenanlagen zu
verschönern. Als ich im October 1784 zu ihm
geritten kam, fand ich ihn im weißen Leinwandrock,
einen Strohhut auf dem Kopfe, mit dem Garten=
messer in der Hand, Obstbäume oculiren, und
bevor ich noch in das Haus getreten war und
der Miß Washington meine Aufwartung gemacht
hatte, mußte ich mit ihm durch seine ganze
weitläufige Obstbaumschule gehen, und er zeigte
mir mit der größten Freude die vielen jungen
Obstbaumstämmchen, welche er in diesem Früh=
ling schon, seit seiner Rückkehr aus dem Felde,
oculirt hatte. Am Nachmittag ritt ich noch weit
mit ihm spazieren, um seine neuen landwirth=
schaftlichen Anlagen zu besehen und die Verbesse=
rungen, welche er in Mount=Vernon einführen
wollte, zu besprechen. Er beabsichtigte den Tabaks=
bau, der zwar sehr hohe Renten bringt, den Bo=
den aber auch stark aussaugt, allmählich aufzugeben
und den Mais= und Weizenbau bei sich einzu=

führen, worin ich ihm nur vollständig beipflich=
ten konnte. Wer ihn so nur auf seiner Pflan=
zung gesehen und gesprochen, der hätte ihn zwar
für einen sehr eifrigen Landwirth, nicht aber zu=
gleich auch für den umsichtigsten Soldaten, größ=
ten Staatsmann und edelsten Patrioten, den Nord=
amerika je hervorgebracht hat und wahrscheinlich
auch für alle fernere Zukunft hervorbringen wird,
halten können. So war George Washington in
seinem Hause, und einen solchen Mann näher
gekannt zu haben, gereicht mir zur höchsten Freude
meines Lebens.

Das Jahr 1784 blieb ich nun noch auf mei=
ner Pflanzung Friedrichsburg und suchte mich
deren Bewirthschaftung, so viel in meinen Kräften
stand, möglichst anzunehmen. Im Winter des
Jahres 1785 wurden meine alten Wunden aber
so schlecht und ich fühlte mich so elend, daß ich
nach Boston übersiedelte, um mich dort der Be=
handlung eines berühmten Arztes zu unterwerfen.
Nun, einige Linderung verspüre ich wohl durch
seine Medicamente, eine ausreichende Hülfe wird
er mir aber auch schwerlich bringen können. Ich
fühle es selbst, es geht mit mir bald zu Ende,
und mein hart mitgenommener Körper hält es
nicht mehr lange auf dieser Erdenwelt aus. Im=

merhin, obgleich ich noch gern gelebt und beson=
ders meine beiden Töchter heranwachsen gesehen
hätte, so unterwerfe ich mich doch ohne Murren
und Klagen dem Willen Gottes, des Lenkers
aller Heerschaaren. Wer sechs Jahre als Soldat
unter Friedrich dem Großen für die Unabhängig=
keit Preußens und acht Jahre unter Washington
für die Unabhängigkeit der Vereinigten Staaten
von Nordamerika kämpfen und bluten durfte,
und sich stets, so weit seine Kräfte reichten, be=
strebte, seine Pflicht dabei möglichst zu erfüllen,
der hat nicht umsonst auf dieser Erde gelebt.

Ende des zweiten Bandes.

Im Verlage von Hermann Costenoble in Jena erschienen ferner folgende neue Werke:

Mühlbach, Louise, Deutschland in Sturm und Drang. (Zweite Abtheilung: Fürsten und Dichter.) Historischer Roman. 4 Bde. 8. broch 5½ Thlr.

Nechtritz, Friedrich v., Eleazar. Eine Erzählung aus der Zeit des großen jüdischen Krieges im ersten Jahrhunderte nach Christo. 3 Bde. 8. broch. 4 Thlr.

Wickede, Jul. von, Die Heeresorganisation und Kriegführung nach den Berechtigungen der Gegenwart. Für denkende Officiere, Staatsmänner und Landtagsabgeordnete. Gr. 8. eleg. broch. 1½ Thlr.

Winterfeld, A. von, Ein gemeuchelter Dichter. Komischer Roman. 4 Bde. 8. broch. 6 Thlr.

Andreä, Wilhelm, Die Sturmvögel. Cultur- und sittengeschichtlicher Roman aus dem Anfange des 16. Jahrhunderts. 2 Bde. 8. broch. 2½ Thlr.

Andree, Dr. Richard, Vom Tweed zur Pentlandföhrde. Reisen in Schottland. Mitteloctav-Format. eleg. broch. 1 Thlr. 22½ Ngr.

Anneke, Mathilde Franziska, Das Geisterhaus in New-York. Roman. 8. broch. 1½ Thlr.

Ati-Kambang, Auf fremder Erde. Roman. 5 Theile in 3 Bänden. 8. broch. 5½ Thlr.

Bacher, Julius, Ein Urtheilsspruch Washington's. Historischer Roman. 2 Bde. 8. broch. 2½ Thlr.

Berlepsch, A. H., Die Alpen in Natur- und Lebensbildern. Mit 16 Illustrationen von E. Rittmeyer. **Pracht-Ausgabe.** Lex.-Oct.

Ein starker Band. Eleg. broch. 3 Thlr. 26 Ngr. Eleg. geb. mit vergold. Deckenverzierungen 4⅓ Thlr. Mit Goldschnitt 4⅔ Thlr. **Wohlfeile Volksausgabe.** gr. 8. broch. 1⅔ Thlr. Eleg. geb. 2 Thlr. 5 Ngr.

Berlepsch, H. A., Die Alpen in Natur- und Lebens-Bildern. Dritte Auflage. **Für den Reisegebrauch redigirt.** Mit 6 Illustrationen in Holzschnitt. 8. eleg. geb. 1 Thlr.

Bibra, Ernst Freiherr von, Ein edles Frauenherz. Roman. 3 Bde. 8. broch. 4¼ Thlr.

Bibra, Ernst Freiherr von, Tzarogy. Roman. 3 Bde. 8. broch. 3¾ Thlr.

Bibra, Ernst Freiherr von, Reiseskizzen und Novellen. 4 Bde. 8. broch. 4½ Thlr.

Bibra, Ernst Freiherr von, Hoffnungen in Peru. Roman. 3 Bde. 8. broch. 3¾ Thlr.

Bibra, Ernst Freiherr von, Aus Chili, Peru und Brasilien. 3 Bde. 8. broch. 3¾ Thlr.

Bibra, Ernst Freiherr von, Erinnerungen aus Süd-Amerika. 3 Bde. 8. broch. 3½ Thlr.

Bibra, Ernst Freiherr von, Ein Juwel. Südamerikanischer Roman. 3 Bde. 8. broch. 3¾ Thlr.

Brachvogel, A. E., Beaumarchais. Ein Roman. 4 Bde. 8. broch. 5 Thlr.

Brachvogel, A. E., Historische Novellen. 1. bis 4. Band. 8. broch. à Band 1½ Thlr.

Brachvogel, A. E., Schubart und seine Zeitgenossen. Historischer Roman. 4 Bde. 8. broch. 5½ Thlr.

Brachvogel, A. E., Theatralische Studien. 8. broch. 24 Ngr.

Brachvogel, A. E., Ein neuer Falstaff. Roman. 3 Bde. 8. broch. 4½ Thlr.